全国青少年校园美文精品集萃丛书·少年

少年的你
是光彩夺目的星辰

《中学生博览》杂志社 选编

时代文艺出版社

图书在版编目（CIP）数据

少年的你是光彩夺目的星辰 /《中学生博览》杂志社选编. — 长春：时代文艺出版社，2021.3
（青少年校园美文精品集萃丛书. 少年的你系列）
ISBN 978-7-5387-6623-3

Ⅰ. ①成… Ⅱ. ①中… Ⅲ. ①作文－中学－选集 Ⅳ. ①H194.5

中国版本图书馆CIP数据核字（2021）第013172号

出 品 人　陈 琛
产品总监　邓淑杰
责任编辑　刘瑀婷
助理编辑　史 航
装帧设计　孙 利
排版制作　隋淑凤

本书著作权、版式和装帧设计受国际版权公约和中华人民共和国著作权法保护
本书所有文字、图片和示意图等专有使用权为时代文艺出版社所有
未事先获得时代文艺出版社许可
本书的任何部分不得以图表、电子、影印、缩拍、录音和其他任何手段
进行复制和转载，违者必究

少年的你是光彩夺目的星辰

《中学生博览》杂志社　选编

出版发行 / 时代文艺出版社
地址 / 长春市福祉大路5788号　龙腾国际大厦A座15层　邮编 / 130118
总编办 / 0431-81629751　发行部 / 0431-81629755　北京开发部 / 010-63108163
官方微博 / weibo.com / tlapress　天猫旗舰店 / sdwycbsgf.tmall.com
印刷 / 三河市嵩川印刷有限公司
开本 / 880mm×1230mm　1 / 32　字数 / 135千字　印张 / 7
版次 / 2021年3月第1版　印次 / 2021年3月第1次印刷　定价 / 36.00元

图书如有印装错误　请寄回印厂调换

编 委 会

编委会主任：刘翠玲　夏野虹　高　亮

编　　　委：宁　波　孟广丽　张春艳

　　　　　　李鹏修　苗嘉琳　姜　晶

　　　　　　王　鑫　李冬娟　王守辉

Contents
目 录

终年不遇天上星

一个少女的简单心事 / 纪艺娴 002
温柔的英雄不怕认真地活 / 翁翁不倒 008
如果蝴蝶飞不过沧海 / 亦青舒 011
与那些夏天无关 / 北　方 018
两个女孩儿的经纬线 / 岑　落 024
远方的少年来信了 / 黄晓晴 028
说了再见，我们再也不见 / 琉　筱 032
一个关于神隐的故事 / 麦田田 037
终年不遇天上星 / 深深几许 041

盛夏光年

我班是个动物园 / 三八四十一 048
盛夏光年 / 顾　笙 052
智障青年欢乐多 / 林　艸 057

生活没有彩排，每天都是现场直播 / 三八四十一 062

同桌什么的就是用来相爱相杀的 / 三八四十一 069

剪一段时光告诉你

剪一段时光告诉你 / 傻哈哈 076

我只想温柔地落笔 / 亦青舒 086

不见 / 陌 路 092

总有一个人为你接风洗尘 / 杨欣妍 096

你照亮我星球 / 黄晓晴 103

有一个地方的时光安然无恙 / 麦田田 107

期待安静的雨 / 沈依米 110

一抹茶香是绿海 / 温不柔 113

心事太重，胡子太浓

我们告别了以往的时光，
还有关于胜利的梦想 / 亦青舒 118

心事太重，胡子太浓 / 街 猫 125

纤尘 / 南木槿 131

南方姑娘 / 任兰 136

时光太瘦,指缝太宽,那年太匆匆 / 想入非非 140

"学渣"程安安逆袭记 / 九九 144

策马奔腾飘柔姐 / 南顾 150

哪怕有风吹过,我还会在你身旁 / 桐熙 155

谁的青春不耐凉

谁的青春不耐凉 / 李殿殿 164

陪我记起,谁是知己 / 街猫 172

学霸的爱情故事 / 酒忘 183

陈小雨的爱情不转弯 / 翁翁不倒 190

三只猫 / 翁翁不倒 197

你的世界我来过 / 薛漠北 203

我的青春都在这里 / 一诺 208

胡子先生的微笑 / 依文 213

终年不遇天上星

一个少女的简单心事

纪艺娴

小学六年，我从来没有把校园好好地走过一遍。年幼时快乐而懵懂，只知道在那一排高高的塔松后面捉迷藏。年纪渐长不再爱到处乱跑，下课的时候都坐在教室和前后左右的同学打打闹闹吃零食，偶尔捉刀补一下前一天晚上的作业。时光如同胶片般褪色老旧，只剩一片遗留在长长的走廊上的微薄的晚霞。默片般静谧无声，所有声色都转身倒退进记忆的深处。

也许是因为即将离开家乡的缘故，我居然对它有一些想念。于是中考后的某一天，我回到小学去找我的班主任。

她一直保养得很好，没有明显的老态，只是有些疲惫。我捕捉到了她看到我时眼睛里惊喜的明亮。她还是像过去一样对我温暖而和善地笑，以至于我有一种错觉：我们不是师生，而是故友。她问我的近况，我小心翼翼地一一回答。说到我的成绩时她夸我进步了许多，她很骄傲。临走时我留下两串手链，说是送给她和她的小女儿。她没有推辞，只是要我好好吃饭多休息。我看得出她眼眶泛红。

然后我一个人从一楼走到三楼。我们的教室在三楼的最边儿上，教室门口的水龙头长年滴着水。从被刮花了的玻璃可以看到里面新刷的墙壁，雪白而平整。我记得以前墙上总有学长学姐们留下来的字："×××喜欢×××。""二中！""你会记得我吗？""再见！""毕业！""加油！""一直在一起！"……只是现在它们都被掩盖了，未来还会不断地有人写上去，不断地有人把它们掩盖。

教室宽敞，窗明几亮，讲台上还放着我们毕业时留下的绿萝和锥形瓶。旁边的球松是新的，一团一团的绿色用力地伸展。坑坑洼洼的黑板，落满灰的粉笔槽，教鞭，一切都熟悉而陌生。

我走到走廊尽头，在那里可以俯视我们长满杧果树的操场和传说中有个任意门的小花园。

接着我就看到了一个似曾相识的背影——干干净净的毛寸，纯白棉T恤，深蓝色的哈伦裤，戴一个黑色护腕，一如既往地简单。

我没有想过会在这里遇到他。以至于我看见篮球场上在骄阳下挥洒汗水的男生的时候，有一种如坠梦境的感觉。

他是我的小学同学。

自从我们在幼儿园认识起到那天为止的十二三年里都没有过多少交集，顶多是他在抄别人作业的时候间接地抄到了我的，或者我从同桌那里抢来的零食其实是他的。也许他帮我打过那么一两次水，也许开学发新书的时候我发给过他。我唯一能确定的是他坐在我右手边隔两排的位置上，我们一学期说的话不超过十句。

站在走廊上看他打球这样的事，我不知道和那时的闺密做过多少回。闺密的表情总是淡得像一盏清水。我不知道自己的表情是否和她一样。只是那样两个安静地站在三楼走廊的女生，如果你碰见一次，会觉得她们不过是凑巧在那里聊聊天发发呆。可是如果你每次从一楼走过的时候都抬起头来看看天空，如果你仔细一点儿，就会知道，她们的出现并不是偶然。

与自己看似无关的人突然闯进自己的生活，大概也只需要轻轻跳跃起来去投一个三分的瞬间。

可对于打球的明朗少年，两个各自怀揣着心事的少女始终一言不发。

他在转身的时候看到我，露出一贯的灿烂笑容，仿佛分开的这三年没有存在过。

"下来打球啊！"

可能是因为和女生打，他的节奏放得比较慢。我那天反常地语塞，他就一直在找话题。有时故意让给我几个球，一个话题谈到末尾的时候他就投个篮。我们聊到小学数学老师和她的女儿，鼓号队的事情，隔壁班的胖子，枯死在小花园里的仙人掌，塔松上面比我们脸都大的蜘蛛网，学校后门的"痒痒树"，一个月一次的"男女生世界大战"，一块五的水冰和三毛钱的辣条，甚至追他的女生某某某。

回想起来才发现小时候我们总是成群结队地上学、放学、出去玩，对特立独行感到十分的害怕。害怕远离了团体，也害怕被团体远离。那时候的我们总是需要和别人做相同的事情以至于不被孤立。而相反地，和大家在一起，总是变得很容易满足。即使只是朋友递过来的一块彩虹糖也能让我们开心得转圈圈。

打完球之后，我们坐在操场旁的观众席上，被太阳烤了一整天的大理石板微微发热。他把没喝过的矿泉水拧开瓶盖递给我，确认我喝够了之后才把剩下的水一饮而尽。男生运动之后身上大多都会散发出令人反感的气息，他却不会。新鲜的太阳味道，很令人心安。

屁股生疼，可我连位置都不愿意挪。喝空了的水瓶就放在脚边，塑料包装反射的光逐渐黯淡。我们就那样坐在渐渐凉下去的石板上，坐到太阳落山也不愿意离开。我突然想到我们的纯白T恤和布裤很搭，然后又摇摇头否定自己不要多想。我什么都没说,他却笑了。

而后他骑着自行车送我回家。天边霞光的黄橙红紫渐渐沉淀成苍黛,夜空中最亮的天狼星已经隐隐浮现。我真希望回家的路漫长些,长到我可以在他的后座无声无息地睡去。可惜"梦是一床太短的被,无论如何也盖不完满"。他在我下车之后与我匆匆告别,衣角在晚风中翩翩翻飞,月亮和星辰仿佛落在他的身上。

再往后,我们的关系就回到了只有互相看看空间点点赞的状态了。仓促却又在意料之中。

我幻想着我们之间还会不会有故事,可是故事最终在他转身的那一刻就已经是结局。一如那天的T恤般纯白。我没有再主动联系过他,也羞于开口问他,还记不记得那个下午。

而我离开家乡后就再也没有见过他,只知道他中考成绩并不理想,去了外地打工,换过好几个女朋友,以及天天切菜有时切到手。

那天在篮球场边他跟我说:"欸,我一直觉得她给我的那封情书字很像你的哦,我还留着,你要不要看看?"我一个劲儿地狂摇头说:"怎么会?我的字那么好看,有谁能学得像?哎呀,我才不看,肯定肉麻死,字也肯定比我丑多了!"

可是我分明记得,曾经有个晚上我挑灯绞尽脑汁战战兢兢写情书的模样。万籁俱寂,我能听到的所有声音,只有来自于我桌上那盏泛黄的老台灯和闷热夏夜里永不消停的蚊虫。窗外的香樟散发着催人昏睡的甜香,窗帘在夏夜的微风里翻动,撩着我的臂膊。我用尽全力,一笔一画,用着比抄《小学生守则》还要认真一百倍的态度,心里感觉自己将要上战场。

而在我经历过一个又一个没有带伞也没有人与我同行的雨天,经历过烈日下一个人背着书包在大街上迷惘乱逛的正午,经历过闺密因他而起的对我的伤害,经历过所有值日生都溜走只留我一个人洗一间大厕所,以及冬天黑不溜秋的六点半走一公里回家的悲伤之后,少年老成和特立独行似乎就变成了注定的事情。

一大段一大段的青春,灰白而潦倒。我们都独自撑着一把色调暗沉的旧伞,孤独而决绝地走过贫瘠单调的年岁。

我一直觉得他是我苍白年岁中不多的色彩,但仅仅一笔就可以驱散阴霾。经历过人世万变才明白简单的美丽。"少女情怀总是诗。"是的,我曾经嘲笑这句话的俗气,但我终于发现,那样干净而简单的少女心事,至今没有什么可以与之相比。

白色的衣角,喝光的矿泉水瓶,篮球砸在水泥地上一遍又一遍的回声,笑声,呼喊声——这大概,就是那个午后的操场,帮我保留的全部记忆。

温柔的英雄不怕认真地活

翁翁不倒

我总觉得一个人能让我记住很久，是因为她有很特别的地方。泽真显然就是这个另类。单说她的外在，在这个女生们都忙着捯饬自己的年龄，她却留着一头小男生的短发，很短，只到耳朵处。常年背着一个旧得发黄的书包，书包已经没有了形状，软趴趴的，一直垂到屁股。

作为一个女生，我不得不说她的审美也很糟糕，她有土黄色和大红色的两件毛衣，上个冬天轮流换着当校服内衬。班上的女生都在背后讨论她的毛衣，不仅颜色像大妈，款式更是，穿在身上臃肿又难看，就像个村姑。

有好事儿的男生曾经公开在众人面前评论泽真的毛衣，我们都以为她会很羞愧，没想到她很理直气壮地回复那个男生："我这么穿怎么了？有什么问题吗？"男生自讨没趣，我也觉得自己态度不太端正，人人都有选择，没有威胁到你的利益,你就没资格评论,甚至试图改变别人的选择。

但我觉得她真的很特别,忍不住想给她点个赞。

后来我在班级布告栏上看到她申请了国家助学金,心里的感受又不太一样了。按照惯例,申请是需要公开自己的原因的。

当泽真站在讲台上,说着自己的家庭遭遇时,不卑不亢,眼神明亮,这次我是真的觉得她很赞,就和她的毛衣一样可爱。

泽真是很较真的一个人,在我们都把下载的载字读第三声时,她说错了,是第四声。有人觉得太好笑,读了十几年的字还会错,一查字典,真的是读第四声。之后泽真一直在纠正别人的错误,谁读第三声,她一定瞪着他,说错了。我们都觉得听懂就行了,何况那时高考已经改革,不再考字音题。

但是泽真觉得这很重要,非常重要,不能马虎。她曾经为了纠正读音连说了好多声载,最后对方服输了,"你真是神经病啊!好了我改啊,你别再念了啊!我耳朵都长茧了!"泽真终于得意地笑了。

有一次班上开辩论赛,她作为组长,带着自己的组员,不遗余力,说到激动的时候声音不自觉就高了几个档,班主任对她的论点进行质疑,她亦很勇敢地回击,不给对方反驳的机会,最后班主任都无语了,说:"泽真,辩论辩的是道理,不是比谁的嗓门大啊!"泽真可能也意识到了,几乎是带着哭腔地说:"那你也不能那样说我组员啊,我是组长,我当然要护着他们啊!"

大家都有点儿惊到,我们只是把它当成一个游戏,泽真却是如此看重。她再一次令我刮目相看了。

这之前她因为各种原因遭到班上女生排挤,一个学期后,却成为班上女生里人缘最好的一个,班上的男生都喊她中国好组长,她跟卖菜的大妈一样用东北口音回一句"哎!"大家都觉得她很可爱。

我一直觉得泽真的名字取得好,就跟她的人一样,率直又认真。

和她相处的一个学期里,她用实际行动告诉我一个道理,温柔的英雄从来不怕认真地活,就像她一样。

如果蝴蝶飞不过沧海

亦青舒

　　外面下着小雨，淅淅沥沥，一直没有停。楼下庭院里的两株小小的月桂树，青翠的叶子在潮湿的空气里兀自散发着清澈的香气，傍晚时分有恰到好处的月色，静静地洒进来。我想这是一个适合怀旧的时分吧。江南地区的春日，来得潮湿而缓慢，一场场雨下过之后，巷子里的青苔慢慢爬满老墙。一切都那么安安静静的，就像一个过去了很久很久，没有人再来问询的老故事。

　　我坐在房间里，你送的史迪仔公仔端端正正地坐在床头，眼神好奇又无辜。我偶尔回头望它一眼，仿佛当年在教室里回头偷瞟坐在最后一排的你。稍有动静我就会迅速回头，装出若无其事的嘴脸继续听圆锥曲线或者工业革命，心里的甜蜜像一颗小小石子投下之后泛起的涟漪，一圈一圈地漾开来。

少女心，是一颗一戳就露馅儿的熔岩巧克力。说得一点没有错。

记得七月里校园栀子开了花，暑假的某个夏夜我们偷偷翻墙进了学校，月色似水般温柔，我们并肩走在操场上，说了很多又傻又天真的话。那一年我十六岁，最大的梦想就是赶紧长大到二十一岁，然后嫁给你。当然，这个如此傻气的梦想，我从来没有告诉过你。面对你，我总是倔强又骄矜："我们学文科吧，然后我就可以天天考第一了，嗯。"我顿一顿，一脸狡黠地转身看着你，"第二就给你啦。"栀子花香清甜，夏夜细细微风里满是温柔甜香。你看我的眼神里有深深的宠溺。

那样的眼神总让我错觉我们一生都将这样度过。朋友们都说我们非常适合。一个骄矜跋扈，一个温暾沉稳，喜欢的作家歌者如出一辙，两个人性格咬合得如此妥帖。

耳机里苏打绿轻轻唱："当时奋不顾身伸出我的手，抓住了轮廓就当作宇宙。"

我低头看一看日历。两天之后，我们会相逢在一场重返母校的学习经验讲坛会上。

闺密的头像跳动起来："你要回去见他了？"我强自镇定，回她："我是回去介绍经验给学弟学妹备战高考的好不好。"闺密很快回我："那早恋也算高考经验之一吗？"附赠一个狂笑不止的表情包。

我盯着聊天页面长久地沉默。手机忽然震动了一下，闺密发来短信：

"王菲的《邮差》国语版唱成了《蝴蝶》，她说蝴蝶飞不过沧海谁也不忍心责怪。有些事，想通了就好了。"

只是我想不通。

年少都有骄矜。骄矜又不像道义，可以分清对错，开辟一个正义的落脚点。

不分对错的骄矜，到底是让我失去了你。

读《红楼梦》读到后来，看到宝黛疏远的那一段，亲极反疏，多有猜疑，心有芥蒂之后，倒不如宝钗一个旁观者来得清醒。年少的理想主义，总是棱角分明，我们不是能够妥协的人。只记得我说再见的时候，脸上并无悲戚，可是一转身，眼泪就落下来。

此后很长的一段日子，我过得都不是很好。状态不对的时候一遍遍被班主任找办公室，晚上会长久失眠，想起旧事。冬日夜里辗转反侧从床上爬起来，走到阳台上看月亮。

月亮还是那一轮月亮，照样胖了又瘦。以前最爱晚自习下课之后一起回家，逃离题海走在人群里总是分外快意。熙攘人流里好像大家总是急急赶着回家做题，我不爱听走在我们前面的一对学霸讨论刚交完的数学小测卷最后一道题答案几何，于是指着天上一轮满月故意大声地喊：

"看，多好的月亮！"

我记得你当时，看着被我打断的学霸们的一脸无措，眼角眉梢全是笑意。

回忆好似冬日月光，又深又长，我就这样默默想着，忽然鼓足勇气对着空气说了一句："其实我想念你。"

月亮望着我，好像什么都知道。

高考结束的那天下午，窗外有香樟和聒噪无歇的蝉鸣，不是非常习惯，但也没有受多大的影响，和同学并肩下楼，听着各种抱怨也没有给出什么热切的回应。

我知道无论过程里有多少挣扎，高考要的都不过只是一个结果。就好像我们在一起的日子里无论有多少对于未来甜美的期待预测，后来的后来，我们并没有在一起。

校门打开的时候人群汹涌之状好似潮水，我一眼望见不远处你推着单车的背影，白色短袖，黑色背包，落日在我身后，余晖把你的身影打磨出温柔的轮廓。过往里一帧帧画面在我脑海里闪过，塞满习题的书包，摆放齐整的桌椅，写满导数演算的黑板，第四节晚自习坐在你身边咬着笔杆子做地理。

那些本该多么无聊枯燥的日子，幸好还有你在回忆里闪闪发亮。只是我并不是非常能够理解，为什么一段持续三年的感情能够只言片语就宣告结束，我们当时那么好，我曾错觉我们一生都将这样度过。

可是这个夏天过去之后，我们就是路人了。

我对着你的背影轻轻微笑，不知怎的却酸了鼻腔。

重返母校是在傍晚。暮春时节落日瑰丽，我坐在操场上看着看着就想起当初憋在教室里上晚自习时总是郁郁不得志的自己，透着四四方方的窗看不到一场完整的日落就会觉得非常沮丧。高三楼的灯已经全部亮起，我知道灯下还会有年轻的脸孔。一如当年。

我就要见到你了。我深深吸了一口气，雨刚停，空气里有竹林翠叶散发的清香。

被闺密连拉带扯推进了多媒体教室。远远看见你在调试PPT，眉目之间更添沉稳。老同学相见多有嬉笑调侃，你望见我，轻轻一笑："你来了？"

我恍然就好像明白了小说里一笑泯恩仇的那一笑究竟意味着什么。往事皆作浮云散，散尽后你好端端站在我面前，却已隔了山水重重，沧海迁变，只剩轻声问候一句安好。

我松一口气，回以一笑："是啊，我来了。"

席间坐定，我听你致辞演讲，流畅自如。自由问答的时间里，一个女孩子举手，眼神直白坦荡："学长，我想问在高考前如何应对一份可能毕业即分手的感情？"

老同学坏笑作一片。你一愣，又随即镇定下来。你轻轻说了八个字。

"凡有经历，必有所得。"

场下唏嘘。

散场时我们各自留号码，但我并没问你，只是淡淡一笑，便告别离场。

一个人走在回家的路上，小小巷子里明晃晃的月光好似潋滟波光流淌。你说的那八个字还在耳边回荡，好似一把钥匙，轻而易举便开了我心里的那把锁。

感情终究不是高考。我们相遇并不只是为了一个一锤定音的潦草结果。一段好的感情，在彼此陪伴的岁月里，是切切实实温暖过我们的。你的出现，曾让我在一腔孤勇的青春里忽然感知岁月温柔，我说的话，写下的字，在你那里，不再是投入深井便再无声息的石子，而是面对山谷呐喊之后就能得到被山风携来的回音。能清楚记得，自己和你并肩而立月光下时，心里对于未来隐隐有明亮的期待。

即便是后来我们彼此告别，我还是想要尽力做一个能被你喜欢欣赏的人。能够面色从容地面对生活，渐渐活得更有责任和担当。而时隔半载你出现在我面前，谦逊温和，从容上进，挺拔身姿好似一株傲岸松柏。那么那些曾似皑皑白雪的回忆落满我们肩头时，我知道你不算辜负我。我们在努力成为更好的人，哪怕我们告别在那个盛夏，各自在九月开启新的旅途。

有些人的出现，也许只是为了陪我们走过一段路程，他们点缀了岁月，也惊艳过时光。可是他们没有陪我们走到终点。这并不是因为不愿，而是因为不能。年少的感情赤忱天真，也精细脆弱。恰似王菲轻轻唱过：就像蝴蝶飞不过沧海，没有谁忍心责怪。

而我们所经历过的，都是瑰宝。

我掏出手机，删掉了你的号码。再没有什么能再让我耿耿于怀了。

再见，少年。

与那些夏天无关

北　方

1

似乎是在看一本书，突然就哭了。

五分钟前我还告诉自己要克制住，然而脑海里那个洒满了路灯的熹微光亮的街角，却在脑海里越发地清晰，怎么也不肯落幕。那个街角实在过于清晰，我甚至错觉自己蹲在那里，头顶是一片巨大的寂静。

那个街角里，我手里握着手机，蹲在角落里微笑着，幸福又心酸地安慰你。

2

在外人面前坚强得无懈可击，而晚上猫在被窝里偷偷地哭的那种人，就是你。

这样艰难的坚强，若是我，我宁可不要。可我毕竟不是你，不能替你做抉择，你毕竟是老师眼中独一无二的星，必须足够坚强，足够完美。

自己一个人背负着"聪明""学霸"的光环，深夜里一边流鼻血一边做卷子；被无数男生告白仍要保持微笑，因为害怕他们伤心不肯直接拒绝，最后却被其他女生说是享受着喜欢的感觉的心机婊；在喜欢的男生打篮球时，不能如同其他女生一样握着矿泉水瓶在一旁等待，只是坐在教室里偷偷看几眼；平时参加英文演讲比赛轻轻松松获得很多奖项，背地里却听英文磁带听到在深夜里痛哭……

都是一些小事，可是这样的你，没有犯错，却是比犯了错更可怜的。

最重要的是，旁人都不知道，他们以为你天生便是被上帝眷顾的，他们以为你的少女心、你的青春，和别人的不一样。

3

是怎么样出现在你生命里的呢?

我也忘了。总之不知不觉就发现,这是一个可怜的女孩儿,于是安慰了你一句,你因为常年没听过安慰的句子,便湿了眼眶。之后我们的感情就算是迅速生长起来了,不仅是在安慰的单方面,而是用爱的光融合进琐碎的生活里,处处都是彼此的痕迹。

我们算是不可分割的朋友,把时光裁剪成最美的蜻蜓,放到彼此的肩上。习惯了在操场上打完羽毛球后由你给我整理衣领;习惯了在你考得好的时候对你挑眉祝贺;习惯了我被连退五篇稿时你说一句"我挺你";习惯了在你受委屈时,给你一个用力又认真的拥抱。

可是小鹿饮过溪水会离去,蜻蜓也终究落地。夏天会过去,时光不曾心软。

4

那个高二的夏天,你没日没夜地学,但最后还是只考了全校第三。老师家长都对你要求严格,一遍又一遍地问你是不是过于贪玩。明明没有的事,明明那么努力了,却被如此拷问,你当然委屈。被老师家长批评,是谁都害怕的事。

你站在我面前，眼睛比兔子的都红，你胡乱地抹着眼泪，说，我特别累。

也是高二，应该是元旦联欢晚会上，在同学眼中从来都只会学习的你，跳了一支流行舞蹈。你在众目下鬻凤翔鸾，最后老师也被惊艳到，主持晚会的男生呆愣了许久。你勾起嘴角笑了。这是你少有的开心时刻，笑得如同一个得到了糖果的小乞丐一样简单而可怜。

跳舞是你的爱好，可是跳舞在你爸妈眼里不容易有前途，所以尽管十分有天赋，也只能远远望着那些舞者。你说你羡慕我可以写稿，做自己喜欢的事，我只好宽慰你说，空闲的时候多加练习，大学以后会自由很多吧。

高三时，谁都一样没日没夜地做卷子，而你比别人都拼，也更累。接到你的电话时，我准备睡了，却听见你声线颤抖地说："我刚才突然有一瞬间看不见了。"我焦急起来，在电话这边吼你，粗鲁地命令你立刻睡觉。从那天后，每天晚上你都要把电话拨通了，把电话放在身边才敢熬夜学习。

你说最欣慰的是，高三没有高考体育加试。初三时要进行体育中考加试，这是许多女生的梦魇。青春里的感情本就容易被扩大，加上人心惶惶的气氛，你居然私底下被吓哭了，那一声枪响，我不知道，你脑子里想的居然是我。跑完后，你给我打电话，你在电话那一头号啕大哭，可以说是疯狂。三年的委屈，跟着眼泪一起哗啦哗啦流了出来，毫不掩饰。

而第二天阳光略碎，你出来见我，又是那么完美的女神。

若你在外面永远那么完美，而只在我面前哭，那么我是何其幸运。其实，许多人都是如此吧，人前一个样子，长夜当中猫在被窝里，都忍不住可怜自己。幸运的是，你不必再躲在被窝里哭，你可以抱着我。

5

后来呢？

后来，我陪你走过了兵荒马乱的高三，却没来得及跟你好好告别。高考结束后，我们没怎么再联系。你在外打工锻炼自己，连个给自己矫情的时间都没有。

你又怎么知道，一旦想到你每天一个人笑也一个人哭，我心里多么不是滋味。既然时光残忍，那么我还是不要再打扰你。我想我可以把曾经的夏天装进相框里，捧着它在时光中静静地笑，就如同一切未曾变。

你迟早会离开我的吧。

可是那天却猝不及防地接到你的电话。你带着鄙夷的口气说话，一上来便说遇见个人渣。是因为有个男生向你表白，可是前一天他还在和另一个女生热吻，被人甩了就来找你。我激动地说,叫什么名字啊,住哪啊,你扑哧笑了:"就你那小身板,能打过谁?"

我想想也蛮有道理,于是也开始傻笑。

"你可不要和那种人在一起。"

"就是啊,你以为我没长眼睛。"说完这一句,你停顿了好长时间说:"要在一起也要找和你一样体贴的。"

什么东西,都会变质。感情也一样。

爱情或者友情,也可以没有区别。

6

几滴眼泪落下来,书上被洇开了一大片。

还记得那一天,阳光明媚,你的声音很甜:"我就赖上你了,就要在你面前哭,别想嫌弃我。"从那一天起,我的心里就亮起了亘古不灭的暖黄色灯光,且落下了永恒的雨。

夏天一个又一个地过,但我仍在。

掌灯的人在滂沱大雨中未看见天晴,那么他将在记忆的温度里,倔强地等。

两个女孩儿的经纬线

岑 落

剪短发已经两个月了,忽然就想起了你,E。

我们已经很久很久没有见过面了,从去年冬天至今。还来不及挥手说"再见"你便匆匆踏上"未来"的列车,汽笛声拉长把我带到与你相隔甚远的城市。

你知道吗?我很想念你。

初一开学,九月份的太阳火辣辣的,那时的你留着乌黑齐腰似瀑布的长发,这让从小到大就留着蘑菇头的我好生羡慕,同样让我羡慕的还有你年级前十的成绩。

初次见到你,只觉得你很安静,在陌生人面前不大爱讲话,像一只温顺乖巧的小鹿。而我,疯疯癫癫,脾气暴躁,性情古怪。

我们成了同桌,你还是那个温柔似水的你,我还是那个性情古怪的我。不过,性格迥异的我们每天一起上课下课吃饭睡觉形影不离。

她们说，我们像双生花。

可是E，我知道自己脾气暴躁。

初二那年我们闹得不可开交，大有"老死不相往来"的气势。

那段时间我们都无心学习。下晚自习以后，所有人都在为即将到来的初三做复习准备，只有你一个人往寝室跑，不开灯，躲在被子里像个被丢弃的孩子般偷偷哭泣。班主任找到了我，给我做思想工作。说你因为这段时间和我闹得不愉快有了不想读书的念头，还说我脾气臭得像全世界都欠了我几百万似的，能有这么一个能包容我所有任性的好朋友都不懂珍惜。

那天阳光明媚，像是在嘲笑我可怜的自尊心。我哭了整整一节课，呜咽得一句完整的话都说不出来，咬着下唇，不敢放声大哭。

年少的时候没经历过失去最好朋友的人不会知道我的难过。你知道吗，你的存在像是我的另一面，衬托着我身上所有的不完美，你消失了，我甚至觉得自己已经不再是一个完整的自己了。

那天你也眼眶泛红地出了老师办公室，我知道老师也对你说了很多话吧。

你说，我们和好吧。你不知道那一刻我多感激你。

周末我们携手在大街小巷乱逛，你说要去剪发，那是我见过你剪发剪得最短也最丑的一次。是的,丑。

你哭着说:"好丑。"我说:"没事的,我也丑。"

后来,进了高中,你说你好累,学业繁重压力又大,你的成绩在班级里也是倒数。你担心三年下来只会浪费时间,根本不能给你带来一个光明的前程。你毅然决然地辍学了。无论多少人苦口婆心地劝说都不能动摇你的想法。

一整年,我没有再见到你。

之后我常常想在QQ上和你聊天,可是你要工作,很忙没有时间……

时光像手中被握紧的沙子慢慢流逝,我们联系得越来越少。我偶尔会问:"后悔了吗?"你说:"自己选择的路,就算跪着也要把它走完。"

关心你的人很多,那也就意味着问你同样问题的人不止我一个。

你终于恼怒了,在空间里宣泄你的不满你的愤怒,说我们为什么不问问你累不累,只会问你后不后悔。后来你的动态越来越频繁,越来越多我不能够理解的字眼和蕴藏情绪的句子。

我说:"E你变了。"像沉积已久的火山在这一刻终于爆发了。你说:"是啊!是变了!如果我还是当初的我,在这座陌生的、一个人都不认识的城市,谁来保护我?"你如同一只敏感的刺猬竖起身上锋芒尖锐的刺保护脆弱的自己。

我们毫不留情地一一数落着对方的缺点以及这些年来对彼此的隐忍与不满，用难听的话，借这个机会大声吼出来，向对方发起致命的攻击。

可是我说过，你是我的另一面，我不能够失去。所以大哭一场后，我向你道歉。我想，这大概是青春最具有光彩最值得骄傲的事。我终于可以向别人骄傲地说："你看，这才是真正的闺密。"

偶尔你会更新照片，我从聊天记录和空间里了解你的情况。

现在你的头发长了，而我的头发留长又剪短。

偶尔会想念当初我们在寒风中同穿一件衣服，在夏日里同睡一张床，在饥饿时同分一块钱、一包零食、一杯水的日子。

岁月是把杀猪刀，可是它对美好的东西格外开恩。

两个女孩儿沿着青春的经纬线走过的路，是这世上最美好的东西之一。

远方的少年来信了

黄晓晴

高二那年,我的同桌去了理科班。新同桌是个转校生,皮肤白皙,声音轻柔,却穿着新潮,左耳的耳钉闪闪发光,似乎糅合了温文尔雅和桀骜不驯。而他矛盾的外表下,隐藏着与我志不同道不合的心,注定和我八字不合。

我是那种两耳不闻窗外事,一心只读圣贤书的人。而我同桌是个八卦男,有事没事就跟我透露谁喜欢谁,哪个班有什么搞笑的事情。我习惯坐在角落里看小说,而同桌对小说不屑一顾,或者说,他对所有书都不屑一顾。可就是这么一个看书蜻蜓点水,做题心不在焉的人,却是名不虚传的考霸,考前十简直信手拈来,让每天起早贪黑、奋笔疾书才能挤进前十的我愤愤不平。每当我安安静静地坐在角落里写写画画时,同桌不是在操场上叱咤风云,就是在舞台上为各种活动彩排。那时我总感慨,世界上最遥远的距离,是你明明在我左边,中间却像隔着银河。

我们唯一的交集,可能就是音乐了。那次,广播站正播放着Beyond的《长城》,我情不自禁地跟唱,唱到一半时同桌也跟着唱,还帮我和声。每次想到那个和谐的场面都甚是感动,毕竟我们两人是史无前例地合拍。从那天起,我不再叫他同桌,而是叫他颜研。以前总觉得"颜研"这个名字好像女生,现在突然觉得好好听。

忘了有多久,我开始发现,我和颜研渐渐有了一些共同点,比如我们吃铁板烧时都会点鸡扒,在各种酱汁里会很默契地选择黑胡椒。有段时间,只要发现我们点了一样的菜,喝了同一款饮料,或者是在他的歌单里发现有我喜欢的歌,我都会像发现新大陆一样——"天啊!颜研,我们一样耶!"而颜研则笑而不言,大概是对眼前这个神经质的女生很无语吧。

五四青年节的时候,班里打算让男生献歌《同桌的你》,女生跳《Fantastic baby》,外加颜研的solo表演。事实上,每天的晚自习,颜研除了要去文艺厅彩排,还要跑来舞蹈室担当我们的歌舞顾问。班里那些男生血气方刚,把一首温柔抒情的《同桌的你》唱得很暴力,分分钟好像要打架一样。颜研用他温柔深情的声线,最终感化了他们。另外,女生的群魔乱舞也让颜研头疼。如果不是他不厌其烦地领舞,还有温暖如初的笑容,估计我们的舞蹈节目早就取消了……排练结束时,颜研来找我说:"你为什么躲在后面？""哦，我跳得很烂啊……""是吗？我觉得很帅。你看我给你拍了照片和视频。"看着照片和视频，感觉我也没有跳得那么不堪入目，但还是不由自主地吐槽，"啊，好丑哦。"颜研一脸诧异，一边收好单反一边掷地有声地说："可是，我觉得你好看。"简单温暖的一句话，却燃烧了我的小宇宙，从此我把颜研供奉为暖男，然后心满意足地享受他的温暖——他总是像变魔法一样从书包里变出很多美食安慰"空虚"的我，懒得写字却心甘情愿地帮我抄笔记，在我任性地跑去拿外卖被班主骂时挺身而出……

某一天的某一节晚自习，我突然心血来潮，停下旋转的笔，目不转睛地看着颜研纤长的手指发呆。眼前这个会唱歌跳舞的男生，居然不会玩乐器。颜研淡淡地扫了我一眼："怎么了？""啊，你手好好看，好像天生会很多乐器一样。"颜研慢吞吞地喝了一口水："哦，那你喜欢什么乐器？""吉他和架子鼓。""你好俗哦。""你才俗！你全家都俗！""你好凶哦，以后会嫁不出去的！""你才嫁不出去！""我当然嫁不出去啊，我是娶进来好吗……"

有时候，新同桌的温暖搞笑会让我想起同样美好的老同桌，于是我偶尔给老同桌写信，而颜研就是我们的信使。每次我说"把信给他"时，颜研就一脸坏笑，"啊，情书——话说你们就两墙之隔，怎么喜欢飞鸽传书呢？""信，是个好东西。"颜研似懂非懂地点点头，末了很不屑地说，"我才不喜欢写信呢，打死我也不写……"

然而，就是这个曾经信誓旦旦地说，打死他也不写信的少年，在我们毕业后的第一个冬季，给我写了满满两页A4纸的信——

"当我穿着大衣在北京吃火锅时，你还穿着短袖在广州的艳阳里吃冰棍吧……这段时间，听你在朋友圈分享的歌曲，感觉我们越来越相似。以前我唱Rap的时候，你一点儿也不喜欢，而现在，你却迷恋《Blue》和《Loser》里面的Rap。以前我不喜欢看书，也不喜欢玩乐器。你总在我耳边说东野圭吾的小说好看，我才会在无聊时，一口气看完了《放学后》《白夜行》和《一个嫌疑人X的献身》。知道你喜欢吉他和架子鼓，我才会在社团里一时兴起随便玩玩，之后便一发不可收拾……神奇吧？当初八字不合格格不入的两个人，竟然因为彼此，喜欢的东西多了起来，然后彼此有了更多共同的东西……"

是啊，就像我以前一点儿也不爱吃辣，而看你吃辣吃得满面春风时，我才慢慢地学会了吃微辣。就像你以前觉得写信很矫情，而现在却在远方，给我写了一封矫情的信。哪怕我们最初志不同道不合，也能因为彼此，爱屋及乌，渐渐去拥有更多相似点和共同话题，成为一拍即合的挚友。

说了再见，我们再也不见

琉 筱

欣欣和子哲是我见过的感情最好的青梅竹马，好到有些羡煞旁人，更重要的是，他们互相陪伴从孩童到现在，并不因时间和距离使感情有所减少。不管认识了多少人，不可替代的始终无法替代。也说不清喜欢他们哪里，但就是真心希望他们能够一直相伴同行。

而每到这时，我就会想起你，想起你是类似竹马的存在，想起小时候的最澄澈又最纯粹的友情。然后，那些尘封在岁月里的无处惹尘埃的记忆，在一瞬间缓缓苏醒。

我已记不清是什么时候和你那么要好的，只记得很小的时候两个家长就特别熟识，你妈妈经常带着小小的你来我家串门，我跟着妈妈去你家里从楼梯口就大声喊你直到你"噔噔噔"跑出来开门。

你总是会带一些奇奇怪怪的小玩具到幼儿园，一样一样教我玩，碰到我喜欢的就大方送给我。第一次接触"香珠"就是在那时。那是一种小小的软软的东西，轻轻一按就会破，由于是球形，并且常见于香水罐里，所以小孩子们都管它叫香珠。

一开始养香珠，只有透明的那种，是你从家里带到幼儿园给我的。后来养的人越来越多，香珠也出现了各种各样的颜色，还出现了"蛇蛋""恐龙蛋"等等各种千奇百怪的形状。我们各自养了一大瓶，没事就倒出来数数有多少颗，然后一颗一颗放回水里。

之后，不知道从哪个同学那儿传来一个消息，说是大香珠会生小香珠，我们数得更勤奋了，每天要数好多遍，期盼着有一天它们会生出一大群小香珠来。每次你来家里，也会瞧瞧我养的香珠长得怎么样了，有没有变大；要是从哪儿得到新品种，就会分一半给我……在香珠这种小玩意儿的陪伴下，我们安然长大，顺利从幼儿园毕业，踏进了小学大门。

报到的那天，我在人群中一眼就看到了你，兴奋地跑去，你也很高兴，因为在这陌生而又偌大的校园里，我们不再是形单影只的存在。

家离学校其实不远，但由于年纪小，爸妈不放心我步行上下学，坚持接送我。而我与年长一岁的哥哥不仅不同校，还隔着四公里的路，又因为放学时间一样，有时等了十五分钟还不见妈妈来接。那时，你家离我家就一个路口的距离，所以你妈妈经常在接你回家的时候顺便接我回家，或者去你家吃饭。

时间长了，你们班上的人都认识我，也有人拿我们开玩笑，说我们是一对儿之类的话。但我们默契地没有发火，也懒得解释，只是一笑置之，并且相信我们会一直是最好的朋友。

当真是两小无猜。

升到三年级，我们换了教学楼。一到四班在三号楼，五到六班在四号楼。你在二班，我在六班。所以，我们是两幢不同的教学楼，即使中间有一条走廊连接着。

是开始有了性别意识吧，我们默契地在学校疏远对方，见了面不打招呼，会在人家说"你们是不是一对儿"的时候恼火……连家长都以为我们吵架了，但其实没有。我们还是会在私底下打闹，去对方家里的时候，只要有一方先开口，接着便喋喋不休。这样的情况一直持续到了六年级。

也许是学习任务重吧，再也没有时间互相串门，明明只是隔着一条走廊，在偌大的校园里，我们却没有相遇过。

你有你称兄道弟的圈子，我有我误以为可以长伴的闺密圈，两个圈子有不少交集的地方，但从前亲密无间的日子，变得无比遥远，遥远到我分不清那是否发生过，但那又是真真切切存在的。

小学毕业，我们考取了不同的学校，各奔东西。直到初一的暑假，你和你妈妈一起来我家里，你拘束的样子连哥哥都不晓得怎么跟你搭话，换作以前，你们可以因为游戏聊得火热。

午餐时间，大人决定在家包饺子吃，小孩儿到楼下西餐厅吃牛排。依旧是一路无言，我和哥哥眼神交织的时候，示意着对方先打破沉默。后来，还是哥哥迈出了第一步。我以为我们可以有话题聊，还能找回朋友般的感觉，但是没有。哥哥抛出的话题你没接住，我也没有，它就那样被揉碎在空气中，连同我们的友情。

安静地吃完午餐，然后离开。

从此，分道扬镳。

好在，我们的家长仍然是无话不谈的交心的朋友，经常来往，只是再也不会带上我们两个。我也偶尔会在妈妈那里听到一些关于你的零星的消息。好的坏的，都再与我无关，只是真心希望你一切都好。

我曾在空间看到这样一条说说，"那些说了再见的人啊，一定要再次相见。"突然心里泛酸，像是曾经许下的宏愿，最终无奈于现实给的一巴掌，然后归零，在此声巨响后——

恍如梦醒。

嘿，忘了告诉你，就在前不久，我知道了小时候我们养的香珠其实并非珠子,它有个专业名字,叫吸水树脂。一点儿也不可爱对不对?我更宁愿永远不知道这个事实,让它继续带着"香珠"这个名字存活在我的记忆中。

可是哪有选择的余地啊,就像——

我们总是说潮州很小,其实蛮大的,大到不管是否愿意,我们说了再见,今后便是再也不见。

而我们,终究也只是彼此生命中的一个摆渡人。

一个关于神隐的故事

麦田田

1. 我好想你

闺密在食堂看到一个爷爷吃着别人剩下的饭时,她默默地端了一碗面条到爷爷面前,接着她领养了一只比熊犬。上完培训课,她小心翼翼地抱着它到宠物店除毛,等见到我时才想起要吃饭这件事。她原先丢的那条狗是她从街上捡回来的流浪狗,晚上给它洗澡的时候挣脱跑掉。我们一大群人大晚上拿着手电筒在草丛里、小树林里翻找,等狗笼从店里寄过来时,寻狗启事贴满了一排的电线杆,我们还是没能找到。

"Kiki不会吠,那么胆小年纪又那么点儿大,千万不要跑到马路上。这附近饭店这么多,它应该不会饿吧。"

说这话时，闺密拿出那条曾经是Kiki的红项圈给比熊犬戴上，后来又解下项圈难过地说："我好想它，我好怕它被其他狗欺负。"

我突然想起有一个昏昏欲睡的下午，坐在吹着冷气的空调旁，看着大屏幕最后一行"the end"打出，便合上眼睡着了。想起了这么一件琐碎的事，是因为那天我是唯一一个坐在后排观看英美电影被锁进T形教室并睡到下午放学的大一新生。辅导员助理无奈地打开教室的灯，陪着我坐在冷清的教室里发呆，最后他摸了摸头说："要不，我们看宫崎骏的《起风了》？"

"起风了，唯有努力活着。"当我看完《起风了》，女主角菜穗子像风一样消逝，辅导员助理关上教室最后一盏灯，拉着夜盲的我走下楼梯时，我终于忍不住弯下腰抱着自己小声哭起来。人都有脆弱的一面，而我总会因为被触动某条感情神经瞬间崩溃。

我好想姐姐。

2. 神隐的你

在日本神话里，人们把失踪的小孩儿叫作神隐，意思就是被神明藏起来了。母亲说，天狗十分喜爱人类的小孩子，就会把他们悄悄带走，所以它就把我姐姐带走了。

姐姐大我五岁，有一头漂亮的长发，小时候，母亲对我说，等我上小学就可以开始跟姐姐一样留长发。母亲只有姐姐上小学三年级时站在校门口的照片，我经常看着妈妈自言自语地拿着相册念叨着。什么社会险恶，不可以跟陌生人说话，求生技能，母亲的神经兮兮甚至让我学会了使用干粉灭火器，原因是她看到新闻上一家三口死于火灾。她把姐姐的爱都倾注在我身上，这让我经常想起姐姐，她在的话，就可以教我很多东西，她还可以接我上下学，在我迷茫的青春期像个大人与我一起和妈妈做斗争。

在我第一次用小刀削铅笔划伤手指头，夕阳下用力关上教室的门，下雨天坐着母亲的摩托车被雨水打在脸颊，春游提着便当路过被微风吹拂的柳树时，我总会不自觉地回过头看着，觉得她该是在另外一个时空下龇牙咧嘴地在笑我手笨，在夕阳下不耐烦地等着我，在下雨天牵着我的手过马路，在我出远门时叮嘱我。我遇见过很多叫"姐姐"的人，却唯独没有见过那位被神隐藏起来的姐姐。

在我未能成长到足以面对一切时，我每天都在面对着母亲严厉的叮嘱和过分的爱，我希望我有一天能成长到可以告别想念姐姐的年纪。但流去的种种却仿佛幻化成三毛笔下的那一群群虽朝生暮死却令人目眩神秘色彩的"蝴蝶"，我在逃避这种蚀骨的想念却时刻产生"要是姐姐在就好了"的念头。

3. 我在未来等你

　　龙猫里的姐妹，骑着扫把的小魔女，神隐的千寻就像生活在童话里的城堡的人，你可能不知道童话背后的原型人物过着悲惨的生活，你也可能不知道母亲说的神隐究竟意味着什么，当你了解很多事情到最后却只能"叹息一声"时，你发现唯有将那些支离破碎的回忆通通尘封起来。但我还是想说，起风了，要努力活下去。即使你不在我的身边，夕阳在我的侧边落下，雨水打在我脸上，风从我身边的柳树吹过。

　　我在未来等你。

终年不遇天上星

深深几许

后来我遇见过很多男生,只是从未曾动过再继续深交的念头。他们都未能给我那一种对的感觉——不是一见倾心,而是一见如故。

1

转角那家奶茶店在放《Take Me To Your Heart》我路过的时候正是高潮:"Take me to your heart, take me to your soul, give me your hand before I'm old."

趁我还年轻,让我握住你的手。

胸口忽然是排山倒海的难过,那些尘封在心底的往事忽然变成了一帧帧的老照片,穿过经年径直朝我涌来。

林宥屿,你的名字叫作往事。

我们之间所有的故事总结起来,算是很美好的两个字：暗恋。

而暗恋，通常是小心翼翼、不能见光的。一如我对你的感情最浓厚时，也未向除阿暮以外的任何人提及，包括你。

初见时是初二吧，我们班与你们班有场篮球赛。你是你们班的主力，穿着蓝色的球衣。我注意到你的时候是比赛刚开始，你一下子就投中了两个三分球，脸上是很灿烂的笑，眼睛细细长长，里面似乎盛着星星点点的烟火。

我的心悠悠然慢了一拍，我想那大抵就是心动了。

我咧着嘴对着旁边的阿暮笑着说："嘿，看，那个蓝色球衣的帅哥，我是认识的……"

她只是斜睨了我一眼，"是个帅哥你就认识，对吧？"

"不是啊，看他的眉眼觉得熟悉，好像在哪见过……啊喂，不带那么损好吗？"若不是那目光一直盯着你不愿挪开，我早把阿暮抓起来揍一顿了。

那时候怎么想的来着？光是看看你的笑容便觉得心变得很柔软。

我从未见过哪个男孩子能够笑得这样好看，要是以后能一直这么看着你笑，该是多好。

2

我拉着阿暮开始频繁地出现在你的生活里，跟别人打听你的名字。他们说你叫林宥屿，林是森林的林，宥是原宥的宥，屿是岛屿的屿。

真好听啊,我在梦里都会笑出声来。

傍晚我无要紧事的话便会坐在体育馆的台阶上看你打篮球,每次去的时候手中都会捧着一瓶未开盖的农夫山泉,只是从未有勇气把它给你。初二运动会你去跑一千五百米的时候,我跟着你跑了大半圈,手中的矿泉水,拧开了盖子,仍是没有递到你的手中。

阿暮说:"你连勇气都没有,如何追得到他?"

竟是一语成谶。

淡忘你以后我总会想,如果当初我能够勇敢一点儿,结局会不会不一样?但那些都是后话了,而彼时的我只是一心一意甚至是一厢情愿地喜欢你。

我们班和你们班隔了大半幢教学楼,我穿过大半幢教学楼只为看你一眼,穿过拥挤的人潮时会觉得自己是在奔向一场重要的约会。

目的地是你,也只能是你。

现在回想起来那大概是两年暗恋之中最喜欢你的时候。你会在教室门口晒太阳,微眯着眼,嘴角扬起好看的弧度,细碎的刘海儿被阳光镀上了一层淡淡的金色,明明周围人声嘈杂,但天地间,我仿佛只听见了我向你靠近的脚步声。

若时光能慢一些,再慢一些,甚至停在那一刻该有多好。

有句话是这样讲的,上帝关上了你的一扇门,必定会为你再开一扇窗。我觉得上帝给我开了一条通往你的路，然而路上布满荆棘。了解你的劣迹，是在学校的广播中，你因为打架被学校记过。

我听到广播后沉默了好久。阿暮拉着我去小店的时候我对她说："让我静会儿，我真的不知道该怎么办了。"

我喜欢的人，不需要有多好的成绩，我只要他干干净净，身上有的不是烟味而是淡淡的肥皂清香，笑起来很温暖，说话时没有成堆的脏话，有要好的朋友，而不是一打小弟。

阿暮握住我的手，我冲她挤出了一个比哭还难看的笑容，"我想忘了他。"

然后我就真的几个月没去看你。

彼时临近中考，老师把我调到了第一桌，刚好靠门。

某日的中午，有人敲我的桌子，我从题海中抬眼，忽然像被点穴似的一动不动，记忆中少年的脸与面前的脸重合，最后交错出一个心心念念的名字——林宥屿。

"帮我把这本书给你们班的××，谢谢。"你冲我笑，是冲我，而不是别人弯起的嘴角。

我愣在那儿许久，才红着脸从你手中接过那本书。

后来我对阿暮说："你看这个人啊我不去招惹他，他倒反而来招惹我了。所以想要再给自己一次机会，原谅他所有的不好。不是有句话是这样说的吗？喜欢真是一样奇怪的东西，明明什么都介意，可又什么都原谅了。阿暮，我不想给自己留遗憾。"

时间如白驹过隙，一晃兵荒马乱的中考便过去了。我只考上了二流高中,我不知道你的成绩,曾经隐约听说你是考A的,而考A的话便上了重点高中。

4

那时我有多难过,在新高中见到你的时候便有多么欢喜。在隔壁班的后门看着你走出来,细碎的刘海儿覆在前额,白色耐克上的黑色勾勾异常显眼。我愣在原地盯着你然后开始傻笑,笑着笑着,鼻子蓦然就很酸,林宥屿你不知道我有多开心。

每天放学的时候我就偷偷地跟在你后面走,买与你相同的饮料,打与你一样的饭菜,这种跟随是不由自主的。我想我是病了,但又甘之如饴。

直至看见你和她走在一起。

那时是晚自修放学吧,我在走廊上等你,刚入秋,我却只穿了件短袖。在风中抱着手臂,等了好久,然后看着你牵着她的手从后门走出来。她把头倚在你的肩上,从我面前走过的时候仿佛能安然地携手走完一生。

我绝望地闭上眼,忽然就想起了许多的事情来,从初见时你投中的两个三分球,到你让我把书给××,最后是你牵着她的手从我的面前走过。我不介意你抽烟、打架,亦以为可以跨越横在我们前面所有的障碍,我唯一不能接受的,便是你有了喜欢的女孩子,我没有办法装成什么都不知道地再去跟着你。从此以后,你的笑、你的眉眼皆归那个女孩子所有。

如果可以,我真想,真想让时光停在那时候,我要穿过大半幢的教学楼才能看到你的那时候。

睁开眼时我觉得脸上一片冰凉,用同样冰冰凉凉的手去触碰,却发现一片潮湿,我将脸埋在掌心,难过到无以复加时,终于大声地哭出声来。

我想完了,林宥屿,我再也不要喜欢你了。

5

那天晚上我把所有关于你的东西都扔进了垃圾桶,一瓶许愿星,一支你用过的笔芯以及一本满满的关于你的日记。

这些青涩稚嫩的东西是我暗恋过你的证明,如今我却避之不及,好像抛弃了它们,就可以忘记你。

《失恋33天》里有句台词是:"说俗点儿的话,时间能冲淡一切。虽然我无法告诉你,这时间到底有多长。"

一个月?一年?抑或是一生?我已不想去深究。

我忽然记起来的,是很久之前我在校外的芙蓉街上偶遇你的情景。那是个阳光明媚的午后,我跟在你的身后走,我们路过杂货铺和烘焙坊,街边种有高大的法国梧桐,阳光从密密麻麻的缝隙间泻下。那条步道是那么长那么长,我和你一起走着走着,恍然便已是一生了。

盛夏光年

我班是个动物园

三八四十一

忘了是听谁说，高三于高中生而言就像"大姨妈"，它不来时你盼着它赶紧到来，它来了你又盼着它赶紧过去。我想，若真是这样，那我此刻的处境，大概就是在动物园里来了"大姨妈"吧。

动物园的成立，是从一头"大猩猩"开始的，那是我们隔壁组后座的一个男生，之所以叫他"大猩猩"是因为……他真的长得很像大猩猩！初次授予他这个称号时，他尚是宁死不从负隅顽抗的样子，坚贞如烈妇。几个星期后，当我在地理课上因老师提及的天体运行而调侃他为"太阳系第九大行星——大猩'星'"时，他已经愉快地接受了这个设定并且补充说明道："来自猩猩的你！我决定了，以后我儿子就要叫林、猩、你！"

……道理我都懂，但你想过你儿子的感受吗？

相比之下被称为"熊"的谭博炎就萌多了。

谭博炎其实本不叫谭博炎，叫的人多了，他便叫谭博炎了。前段时间，谭博炎脚受了伤，他可怜兮兮地告诉我们那天早上他来学校时是靠一条腿蹦过来的，本想借此博取我们的同情，然而最终得到的却是我们毫不矜持的一阵大笑。我说："怎么蹦的？再给我演示一下。"也许是感觉受到了侮辱，他十分有骨气地坐着没动。"走两步，没病走两步。"他忍不住接梗："脑袋大脖子粗，不是大款就是伙夫。""那不就是你吗？""哈哈哈哈哈哈哈哈！"周围又是一阵大笑。身心俱疲的谭博炎决定半个小时内不再理我。

谭博炎的同桌东哥是一只……狗。这听起来似乎略带侮辱意味，但如果把他叫作"Puppy"——哟！瞬间就萌了呢！

东哥在我们班长期处于被压迫的地位，堪比旧社会的农奴，而压在他头上的"三座大山"，就是大猩猩、谭博炎和不才在下。某日东哥因为我抢了他一块巧克力追着我绕着教室跑了好几圈，最后跑累了赖在我座位上守株待兔："社长！你今天要不跟我说对不起，我就不走了！"我咽下嘴里的巧克力，霸气侧漏……啊不，霸气外露地喊道："对个毛线！给老子滚蛋！"

与此同时，原本喧闹的教室像是莫名地被调到静音模式，突然安静了下来，于是我的声音显得格外突兀，全班都看向了东哥和我。东哥气势汹汹地怒拍了下桌子，我们顿时屏气凝神，好奇他接下来敢怎么跟我对着干。在众目睽睽之下，东哥说："滚就滚！"然后灰溜溜地跑回自己的座位。全班爆笑。

所以我们班的食物链是这样的——底端，东哥，再往上，其他人。这真是个悲伤的故事。

东哥是个英语学渣，而他的前座小燕子，是个英语学霸，每次英语考试后发下考卷，两人分数一对比，总是刺激得东哥想怒撕考卷。最近一次考试东哥的听力分数居然和燕子一样多，把他高兴得差点儿下楼跑圈儿。我们都问燕子为什么她这次听力没考好，她抱怨道："那听力录音太含糊了，简直就像录音的时候嘴里含着沙子一样……"这是什么奇葩的比喻？居然还意外地令人感到生动形象是怎么回事？

燕子的同桌阿炕是只兔子，没啥脾气，其战斗力跟燕子比起来大概就是大白武装前后的差距，莫名其妙地和我组成了一对CP，于是我们的日常对话就变成了：

"我是你的什么呀？"

"你是我的阿萨姆啊。"

"啊？原来我只是奶茶啊！"

"不，你是英式红茶。"

这都是些什么鬼……

我们班长之于我们这个动物园的小动物们，就如同森林之于熊大熊二，青青草原之于喜羊羊与灰太狼，倒不是因为大家多依赖她，而是因为在我们看来她就只是个"地儿"。

事情是这样的。某日班长在教室后方进行日常进食活动，不知不觉就被我和其他几个男生包围了起来。她一米六的个头在我们一群身高一米七以上的人中间，使包围圈在中部陷下去一块。

我突然想到："班长，你说你这样看起来是不是很像一块盆地？"班长一甩头发，放荡不羁地说道："就算是盆地，我也是柴达木盆地。""为什么？""柴达木盆地在青藏高原上啊，我是一块高冷的盆地。"

她说得好有道理，我竟无言以对。

高三的生活，比起以前的种种想象虽然也并不那么可怕，但不苦不累，高三白费。我想我应该感谢我身边的这些"小动物"们，让我的高三有了些苦中作乐的味道。我想，作为饲养员……

"什么饲养员？明明是'饲养猿'！"大猩猩说。

"而且还是只长臂猿。"谭博炎说。

"那就是长臂饲养猿！"班长说。

你们快给我闭嘴！

盛夏光年

顾 笙

考完最后一科英语,我们蜂拥到校门口等待校门开放。盛夏六月的阳光直到傍晚五点多都依然炎热,我看着即将告别的学校,晴空湛蓝,绿树成荫,是夏季该有的样子。这时班里一个女同学问我,晚上聚会穿不穿裙子。我笑了笑,心想女孩儿爱美的天性总是藏不住的。所有人都在讨论晚上的聚会,没有人提起与高考有关的事,考完不对答案的宗旨,彼此心照不宣。

等了好一会儿,校门终于开放,所有人都开始向前移动,人群中没有不舍的离别,互相说完再见转身便走。但是当我踏出校门口,听见早已等在门外的家长找到自己的孩子笑容满面地说:"终于解放咯。"我突然感觉眼眶有些湿润,我们就这么毕业了。

曾经以为高考结束的那一刻,我们所有人会欢呼,会扔掉手上的书，互相恭喜对方，终于走出了这个牢笼。

然而并没有。

一切都沿着设计好的轨道前行，平静得让人害怕。

回想刚上高三的那一天，一切都是新的。教室从一楼变成五楼，迎接我的是新的课桌，新的吊扇，新的黑板。我搬着那些重死人的课本一步一步艰难地爬上五楼，教室门口的班牌从高二变成了高三。当我把几十厘米高的课本随意放在自己所看见的第一张课桌上时，便双手叉着腰呼哧呼哧喘着粗气，汗水湿透了衣服。周围的人还在不停忙碌，课本多得得爬两三趟楼梯，楼道里偶尔有倒霉鬼重心不稳，课本散落一地。

待大家全部安顿好，各自坐在位置上吹着头顶的吊扇时，心里全是"我高三了"的感慨。

然而还没等我们全身心投入到高三的紧张备考中，一场篮球赛就成功地让我们集体翘了课。

新一届篮球地区赛的比赛地点选在我们学校，学校身为这次比赛的东道主，特地修葺了寒酸的篮球场使之看起来能高大上一点儿，比赛时间全部定在晚上。且不说学弟学妹，身为高三的我们也分了心。男生本就难以拒绝篮球，而女生则对各所学校校队的帅哥毫无抵抗力。

当时晚读下课铃一响，班里便默契地空了大半，我和同桌一路狂奔到篮球场。刺眼的灯光照射着球场上挥汗如雨的少年，明亮的光线令人眼睛生疼。初秋的夜晚带着些许凉意，但依旧阻止不了我们涌入球场为校队加油呐喊助威的热情，每一句加油都喊得震天响，喝彩声一浪高过一浪。球场两旁的水泥阶梯上坐满了观众和等待上场的选手，空气中充斥着刺鼻的云南白药的味道以及青春荷尔蒙的气息。场上的少年们默契地传球，完美地防守和霸气地投篮赢得满堂喝彩，也花痴了整个学校的女生。

有那么一瞬间，我觉得这就是青春，疯狂却又美好得不像话。

尽管这创造了全校翘课率的新纪录。

到了下学期便已没有什么能轻易动摇高三生对学习的热情，班级里自然而然地形成良好的学习氛围，所感受到的压力和紧张与上学期大相径庭。

我觉得自己活了十七年从来没有这么认真读过书。从每天的早起开始，不放过能利用的每一个时间段，那时每一个人都视时间如生命。曾经在上学期嚷嚷着不断网就剁手的人在下学期倒是真的狠了心没有再上线，学校的大屏幕上每天都播放着学弟学妹为高三自制的加油视频，一下子就加重了高考与毕业的味道。

倒计时板上不断减少的数字让每个人心生烦躁。恐惧、不安、迷茫、无措，最后还是咬咬牙选择坚持。此时才知道不在高三体会不到这个过程所产生的这些感觉，每个人都怀揣着正能量一路披荆斩棘，但能量耗尽总有人会累。最可怕的莫过于所有人都开始喊累，所有人都进入了一个迷茫期，缺少正能量，充满负能量，心理脆弱，经不起刺激。每一个人都在怕，却又不得不逼着自己前进。

松浦弥太郎曾说："迷失的时候，选择更艰辛的那条路。"

到了后期倒计时板上的数字变成个位数，我们就快熬到头了。说难熬，却也一下子过来了。最后一天我拿着校服从第一桌开始请每一位同学在上面签名，每个人都冲着我笑，我没有落下任何人，包括老班。每一个班级在下课铃响后，都统一起立异口同声地说着"谢谢老师，老师辛苦了"的话语。我承认我一说完"谢谢老师"四个字时就已经哽咽，我偏过头不敢看讲台上的老师，眼前一片模糊。

我记得每一位老师的反应，也记得他们面上不说，实际上很感动。我记得语文老师真诚地说教书只是身为老师应该做的，记得数学老师被我们感动得一时说不出话来拿着粉笔的手僵在空中，记得英语老师依然笑着说你们能不能专业一点儿用英语，记得历史老师在最后不断鼓励我们大声喊出高中（第四声），记得地理老师说和我们度过了一段很快乐的时光，记得最后老班感动的表情，连说话音量都轻了许多。

后来我才知道，其实每一个人在喊出"谢谢老师，老师辛苦了"这句分量不轻的话时，鼻头都一酸，不敢再看老师的眼睛。那一天整栋高三楼都充满了离别的味道，那是我第一次突然感到了毕业的来临。

　　高三是炼狱，鞭策着我们一路过五关斩六将，我们并肩前行，尽管中间夹杂着竞争。高三也让人很不耐，一边期盼着高考的到来，一边却又害怕高考的来临。复杂又纠结。我看着自己在手机的便签里和小本子上记录的很多高三小片段，欢乐或是难过，正能量或是负能量。如今看来，回想起当时的场景，嘴角也不经意上扬。

　　我想每个人所体会到的高三都会有不同。现在我能够说，我的高三没有悔恨，我度过了很棒也很充实的一年。这一年不仅仅有汗水与泪水，还有我最舍不得的青春。

　　盛夏光年，高考的钟声还没有敲响，头顶的吊扇吱呀吱呀旋转，毒辣的阳光透过被人忘了拉上窗帘的窗玻璃肆无忌惮地倾洒在一米来宽的课桌上，我们面前成堆成堆的试卷课本中还有记不完的知识点。这一年天空很高，风很清澈，从头到脚趾都快乐。

　　我仿佛又回到那年的夏天，我和小伙伴一起不顾形象地躺在学校的操场上，天空很高，风很清澈，从头到脚趾都快乐。

智障青年欢乐多

林 帅

我到底是什么时候加入了这种不知从哪里冒出来的"精神病院"的,具体时间真的是不记得了,反正绝对不是自愿的。

处在高三备考阶段的我被老班调到了第一桌,在每天近距离观看空气中起舞飞扬的粉尘颗粒的同时,我也迅速与左邻右舍搞好了关系。但很快我发现,这并不是一个好的开始。因为不出几天坐在我右手边也就是隔壁组的西西和丝雨就成功拉低了我的笑点,让我在水深火热高三中笑得像个神经病。

在我们三个人神经病似的笑声中,我同桌就显得正常多了,于是某天她不经意的一句:"讲真,你们可以组成一个精神病院的。"此话一出,我就看见丝雨藏在镜片后的小眼睛突然放出金光,下一秒就看见这厮一拍桌子霸气满满地下了决定:"从今天起,我要成立一个'精神病院',我是院长,你,还有你,都是我的病人。"我看着她指了指我和西西瞬间感到一阵凌乱,心里一阵咆哮敢问到底是谁给你的勇气啊!

至此,以我们三个人为中心的"精神病院"成立了。尽管我十分不想承认,但我的大脑总是背叛我的心,在我还没来得及阻止自己时我就已经毫无形象地和她们大笑起来。

有了"精神病院",我们的疯魔好像都有了正当的借口。据我观察院长喜欢天天穿着校裤,拎着一个黑色透明水杯,戴着副眼镜,乍一看挺像模像样,其实她的笑点没比我高多少,毕竟同是院中人。西西嘛,智商仅限于小学毕业。一般时候,她会把她的刘海儿全梳上去,露出勉强光洁的额头,但是当她把她的非主流斜刘海儿全放下来时,就足以遮掉半张脸,午夜时分用来吓人倒挺合适。西西笑声清脆且神经,由于"病入膏肓",所以经常被院长"殴打"。至于我,还没分清状况就被强行拉进了这所破医院。由于我在隔壁组,所以我隶属"精神病院分院",笑点极低,而且非常容易停不下来,院长总说我没吃药。

某天,院长在本子上写了一句英文,问我译不译得出来。一旁的西西同学一边不甘心地喊着给我看看,给我看看,一边想伸手抢本子,奈何斗不过院长。我默默接过本子低头译那句子:Love is a touch and yet not a touch。爱是想触碰又收回手。啧啧，这一点儿都不符合院长的风格啊。我刚想告诉院长我译出来了，结果一转头，就看见院长又笑得一脸神经病。

What happen?
你知道刚刚西西说什么吗？
什么？
Give me see see!

好了，我想我今天应该是没吃药，要不我怎么跟院长一样笑得露出十二颗牙齿。另外，这也就是西西同学外号的由来啦。

我们的"精神病院"这种笑话每天都在上演，当我担心自己这么下去会不会长出笑纹的时候，就到了换组的日子。彼时我坐在第四组，院长和西西在第三组。班委一声令下使我不得不带着分院搬迁到第一组，从此隔山隔水路途遥远（好吧就是一个讲桌的距离）。不过第一组的地理位置着实不好，不仅吹不到风扇，看板书也反光。

而事实证明，小小的换组并不能阻挡我们"精神病院"的深厚情谊。因为分离的第一天我就收到了从总院寄来的一封"家书"，其实就是一张纸，连信封都没有，超级随便的家书。内容如下：

亲爱的林，近来可好？一日未见如隔三秋。今日狂风肆起，窗帘漫飞。自你离去，总院中人甚是思念。因路途遥远无法探亲，只得家书一封聊表思念之情，望汝得空，来总院吹吹电风扇，以解总院中人相思之苦。

精神病院总院中人书
2014.9.14

我看着这张跨越了重重阻碍千辛万苦来到我面前的纸，顿觉不易。于是第二天我火速回了一封声情并茂的家书，不过我也没有信封。内容如下：

亲爱的总院，我近来都好，收到来信甚感欣慰。今日天朗气清，惠风和畅，只是酷暑难耐，让人心生烦躁。不知你们可都还好？若能得空，我定跋山涉水回总院，吹电风扇！顺便看看为我们操碎心的院长身体是否安康。望总院中人耐心等候我的归来。

精神病院分院中人书
2014.9.15

有了第一封家书就会有第二封，接下来的几天我和西西都沉浸在家书的乐趣中，但是没多久，院长就怒骂了我们一顿。主要是因为她嫌弃我们的家书内容，吐槽我们除了你好吗？我很好。你这里天气怎样？我这里天气不错。之外还能不能说点儿别的，到底是不是文科生。听了院长的话，我赶紧翻出这几天的家书，这一封的开头：今日大雨滂沱，气温骤降……另一封：今日风和日丽，万里无云……

院长还真是一针见血，我和西西看着这些家书笑得不能自已。院长头一次如此淡定地看着我们，眼里充满了鄙视，一分钟后，我和西西不解地看着院长问道："你在找啥？""找你们的药!我看我有必要给你们重新开方子了，瞧你们这令人着急的智商。"

怪我们咯。

随着我们的努力，其实就是病得无可救药，"精神病院"的知名度被提高。某天晚自习下课，班长兴冲冲来找我们吵着说她要当院长。面对这么明显的谋权篡位，院长绝对零容忍，"你不行。"天真的班长问了句为什么，"因为你不够神经病！"

当时的自己每天都能被逗笑，我想我是有点儿怀念这所相当不正规的"精神病院"的，如今的我们都已毕业，当初以为会留在记忆深处的很多趣事都被时间冲刷只剩下空白，但是我相信即使现在的我们已经各奔东西，"精神病院"的欢乐依旧存在。当我们提起，就足够笑好一阵子了。当时的自己啊，在你们面前当真是不折不扣的神经病。

院长，西西，我想你们了。

生活没有彩排,每天都是现场直播

三八四十一

1

小伟有一个十分特别的外号:泪水侠。这个外号来源于有一天他不知犯了什么"二",开始和旺财比穷:

旺财:"我家月收入只有一百。"

小伟:"我家年收入才一百!"

旺财:"我家只能吃稀饭拌咸菜。"

小伟:"你家好歹能吃上热乎的呢!我家只能吃泪水。"

此话一出,周围保持了三秒静默,随即爆发出一阵大笑:"哈哈哈哈哈哈哈哈哈!"

意识到自己口不择言说错话的小伟立刻辩解道:"不

是这样的！我可以解释！"

旺财："不用解释了，我们都理解。"

十一："我们不会因为你家穷就看不起你的！"

松松："是的，小伟，别担心，泪水不够吃可以来我家倒，毕竟同学一场！"

小伟：……

2

当大家用"吃泪水"这个梗嘲笑了小伟几次，并告诉他这个梗可以玩到毕业后，小伟绝望地转回去趴桌休养他伤痕累累的心。

接着是地理课，地理老师不知问了什么，全班一阵沉默。

地理老师："怎么都没声音了？"

依旧在趴桌的小伟似乎是响应了地理老师的号召，几乎是在下一秒，发出了一声浑厚的"嗝——"

全班立刻一阵"哈哈哈哈哈哈哈哈"，周围的同学纷纷憋住笑"关心"道："是不是泪水吃多了不好消化？"

小伟觉得自己大概跳进雅鲁藏布江也洗不清了。

下课后大家依旧因为课上的事笑意难消，小伟无力地反抗："我能不能把前面那几段全部剪掉重来？"

旺财："你觉得可能吗？"

十一:"小伟,生活没有彩排,每天都是现场直播!"

3

周考的成绩下来,旺财的数学分数莫名被登记成零分,又因为成绩单已经打好张贴出去了,没有办法改,旺财悲痛欲绝。

"气死我了!气死我了!居然不能改!"

"怎么会这样?"

"班主任到底是怎么登记分数的?"

前排的松松有些同情他,转过来刚想开口说什么,便听见旺财自我感慨道:"一定是班主任嫉妒我太帅了,才把我分数登记错!"

松松:……

他沉默了半秒,说道:"本来我是想转过来安慰你一下,现在我只想把我四十二码的鞋拍到你三十九码的脸上。"

4

熊熊洗过手后,手不小心碰到了阿炕的嘴,阿炕嫌弃得要命,去跟十一抱怨。

十一："谭博炎！你手还是湿的居然碰了阿炕的嘴！太过分了！……赶紧舔干净！"

阿炕：……

熊熊一脸羞涩："需要吗？"

阿炕："总之以后你手湿漉漉的就不要来碰我！"

熊熊："那手是干的就可以碰咯？"

阿炕："不……"

熊熊："那你又不说清楚！"

阿炕：……

熊熊："你这人怎么这样！"

阿炕：……

围观的十一笑趴在桌上："阿炕，你不要跟他斗嘴了，你说不过他的，大脑运转速度不在同一个level！"

熊熊："对啊，这就是安卓4.0和安卓2.3的区别。"

5

十一帮班长粘好了她破掉的镜子，把镜子还给她。

十一："班长，我的手工费也不贵，收你五十块钱就好。"

班长："什么？"

十一："收你五十还是友情价，毕竟这是国家级大师的手艺。"

班长:"哈?你——说——啥——风——太——大,听——不——见!"

十一:"……哦,小心风大闪了舌头。"

6

东哥和熊熊提起他的舍友最近变胖了,重了十来斤的事情。

阿炕:"男生重了不一定是胖,也可能是变壮了。"

东哥:"就是胖,他肚子都凸出来了。"

熊熊:"对啊,你见过谁的腹肌是凸出来的?"

阿炕:"你啊。"

熊熊皮笑肉不笑:"哈哈哈哈哈哈哈哈,那是肉好吗?"

阿炕:"不是你自己说你的九块腹肌九九归一了吗?"

熊熊:"没办法,覆盖面积比较广。"

7

语文课上,十一和阿炕提到林徽因。

阿炕:"林徽因比较出名的那本书不就是……《你是人间的四月天》!"

十一同时答道:"《你若安好便是晴天》?"

松松看了眼窗外阴沉沉的天气,幽幽吐槽道:"看这天气,估计是挂了。"

8

文科生的日常。

上体育课时,十一对班里的一个软妹子说:"亲爱的你是不是抹了防晒霜?以后别用这个牌子,会泛白。"

一旁的"糙汉"阿炕凑过来:"欸,现在不是冬天吗?为什么还要抹防晒霜?"

软妹子:"冬天也要做好防晒啊,冬天紫外线比夏天还强!"

阿炕:"冬天的紫外线居然比夏天还强吗?为什么?"

十一:"难道是因为冬天地球公转到近日点?"

……

9

上过一节政治课,班里一妹子崩溃地悲号,她的同桌好心劝告:"有病得治。"

妹子:"你有药吗?"

同桌:"有药也不给你吃,给你是资源浪费,要实现资源的优化合理配置!"

……孩子,政治读傻了吧!

我们班主任说,每年看到学校里那两棵木棉开花了,就说明快要高考了;花开得最艳的时候,也正是上战场的时候。

高三真的背负了太多关于梦想和未来之类的沉重字眼,累不是因为沉重的学业,而是因为自己或长辈无形中施加的压力。多么庆幸,今年花开,有你们相伴,让日子少了许多没必要的烦恼,希望明年花开的时候,我们都能站在自己梦想中的未来。

END

同桌什么的就是用来相爱相杀的

三八四十一

1

如果给我的同桌燕子下个定义，那么最准确的定义绝对是"不知道是从哪家精神病院逃出来的"。

因为正常人才不会整天拉着我的手装作盲人嘴里还念念有词："尔康！尔康是你吗？你为什么不开灯？"我又不是表情包！干吗叫我尔康！

正常人也不会把辣条吃出抽雪茄一般的高贵冷艳，吃完还对着我的脸呼一口气后没脸没皮地说："清新口气，你我更亲近。"我才不要跟一嘴辣条酸爽味道的人亲近！

正常人更不会把上厕所叫作"吃shi"，每天早上都要问我一遍："阿炕，你要去吃shi吗？我要去吃shi了！"这种时候真想告诉她，你去啊！你走出这个教室门就不要再回来！我就当没你这个热衷于吃shi的同桌！

然而当真的有一天，身边的位置突然空了下来，才发现其实有这个疯丫头的存在，我的日常才不至于那么无趣。

她不只会疯疯癫癫地演琼瑶剧，也会一本正经地把每个陌生的英语单词翻译成中文告诉我。

她会吹一口气闹得我鼻尖都萦绕着辣条味，也会在后排男生们开玩笑欺负我时气势汹汹地推开他们说"不许欺负我同桌"。

她会因为教学楼里的厕所隔间没有门硬拽着我"跋山涉水"地到学校宿舍楼去"吃shi"，也会在我不高兴的时候做一个丑丑的鬼脸逗我开心。

亲爱的同桌，等到高三毕业，我们各奔东西；等到木棉花开了又败，也许那时我们已久久不再联系；我还是想告诉你："不管怎么样，能够和你做同桌真是太好了！"

（后面这几段不可以给燕子看到！）

——by 阿炕

2

突然要写我的同桌感觉好奇怪哦！

我同桌是个怎么样的人呢？脾气很好，也好说话，其实长得挺可爱的，但是就是太不懂得保养自己了！连旺财一个男生都开始用面膜的时候，她才后知后觉地感叹说："啊，突然觉得我过去十几年作为女生活得好糙哦。"

因为她脾气很好，所以我很喜欢欺负她。她怕痒，所以我就戳她腰腹的位置，每次一戳，她都会条件反射一样激灵一下，然后崩溃地大喊我的名字；她经常穿的那双运动鞋很滑，每次她不愿意陪我去上厕所，我只要拖着她，她就会因为鞋在光滑的地板上摩擦摩擦，不得不被我拖着去厕所；她说话的时候老是会词不达意，每说半句话就得停一会儿想上半天，我说："你的大脑运转速度真的是比地球公转还慢欸！"

但是就算我总欺负她，她还是对我很好。她每次去小卖部，都会记得给我买几颗糖；每次我发神经提着裙摆转圈问她说"我漂亮吗"的时候，她也会很配合地说"漂亮啦漂亮啦，你最美啦小公主"。其实我是很任性的人，脾气也很古怪，所以谢谢阿炕这两年来的包容。

我也很高兴能和你做同桌！Mua！

（是的阿炕，你写的我看到了哈哈哈哈！）

——by 燕子

3

唉，为什么要写我的同桌呢？

班里那么多小花小草、小猫小狗（并没有），写什么不好为什么偏偏要写同桌？

提起这个女生，真叫老夫"怒从心头起，恶向胆边生"啊，这是女生吗？这明明就是"母夜叉"！

如果高考后，我的同桌蘑菇同志能够有幸看到老夫的这篇文章（必须高考后再给她看！现在给她看？开什么玩笑！我还年轻，我不想死。）我想告诉你，作为一个练过铅球的，你动不动就把我的脑袋夹在你的手臂和腰之间真的会死人的好吗！你作为一个身高一米六五体重不过百的女生，有这样的力气不觉得太可怕了吗！地球只有一个我，大家要好好保护我！

什么？相爱相杀？我们之间只有相杀好不好？"相爱"这种情节发生在人类和母夜叉身上太可怕了吧！总是给我买早餐这种事算是"相爱"吗？那是我用命换来的早餐啊，真真正正的"血汗钱"啊！不说了，先让我把衣袖上的眼泪拧干吧！就算那条"互补的人适合一起变老"的微博让我不小心感动了一下，也不能掩盖这两年来我饱受压迫的事实！

——by 夏尔

4

我的同桌啊,就是一个老是白吃我的白喝我的臭不要脸的混蛋啊!要说起她的缺点,真的可以列出一张"十宗罪"了!

比如总是跟我借剪刀,我问她:"你借剪刀干吗?修理自己?"她会一脸羞涩地回答:"讨厌啦,人家明明上个月刚去过泰国。"其罪一,没下限。

比如总是跟我借指甲刀,上课剪指甲被老师发现没收了指甲刀,把指甲刀拿上讲台走回座位的时候还冲我竖中指。我气的对她说:"我借你指甲刀被没收了,你还冲我竖中指?"她哭丧着脸:"不是啦,我是让你看我的指甲!"原来她中指上的那枚指甲,左剪一刀,右剪一刀,还没来得及把中间的尖儿剪掉就把指甲刀上交了,留下一个尖儿支棱在中指上……简直……其罪二,傻。

比如她早上叮嘱了我放学时记得提醒她回家要把团员证放进书包,下午好带来交。我放学时当面提醒了她一次,微博上给她发私信提醒了一次,QQ上发消息又提醒了一次。下午到学校,我问她:"团员证带了吗?"她发出一声惨号:"我忘了!"其罪三,没脑子。

……

总之要说起这个人各种毛病简直可以说上好几天不带

重复的。唉，蠢成这样，以后没我在她身边，指不定什么时候被卖了还帮着人家数钱呢。

呃……还要相爱？不约！叔叔我们不约！

——by 蘑菇

剪一段时光告诉你

剪一段时光告诉你

傻哈哈

埋头在书堆中,桌面被密密麻麻的复习资料覆盖得严严实实的,不漏一丝的缝隙。低垂着脑袋,手肘搁在书上,拿着笔的手不曾停止书写的动作,在草稿演算一遍后,再把得到的答案写进题目空格处,最后检查,校正答案。这样的姿势持续了好久,很不舒服,却已无暇顾及。

下课的铃声终于响起,我像个得到赦免的万恶大盗,如释重负,暗暗松了口气,停下正在挥动的笔,微眯一下酸涩不堪的眼睛,缓冲一下疲累。我抬起头来,推了推滑落下来的眼镜,望了一下四周,压力又排山倒海向我涌来,想要休息一会儿的想法被冲刷得一干二净。

教室里很是安静,并没有因为铃声而改变一分一毫。每个人都在奋笔疾书着,往日还有一些悄悄的说话声或者走动声,如今皆是水笔触及纸张而发出的"沙沙"声。我叹了口气，这就是高三实验班的学习生活，争分夺秒地学习着，生怕一停下就有成千上万的人追赶上来。在这里，时间就是生命，多做一题便是多一天的寿命，抱怨的时间都没有，哪还有空去聊着八卦，和男（女）朋友甜蜜蜜？

中考与高考，同是命运的转折点，只可惜，角度不同，力度也不同。不能不承认，跨过了中考的这道坎的我，此时却对高考的鸿沟怯懦了。

压了压不断上升直欲湮没我的负面情绪，深深地呼吸着，一大口空气灌入我的胸腔，逼退涌上的烦躁，随着我的吐气，带走蠢蠢欲动的自卑。我告诉自己，我一定会成功！随后又一头扎进题海里。

放学回家，毫不意外，妈妈早已准备好了可口的饭菜，我却没有了食欲。最近的每一天，总是在同样的时间点，重复同样的动作，像一直回放的电影，无论多精彩，看久了，也会厌烦，何况还是一部沉闷不已的纪录片。

径直放下书包，瞥了一眼桌上丰盛的菜色，糖醋鱼、红烧肉、白灼虾……满满的都是肉，都是我爱吃的菜。故意忽略妈妈的好意，我淡淡说了一句："妈，我回房间看书了。"

"你又不吃？这怎么可以？"

"没事，我肚子不饿。"

"不行，那也得吃几口，不然肚子会坏掉！"

"你烦不烦？我说不吃就不吃，我还要学习呢！"

发完脾气，我头也不回就往房间跑，我知道我这是在迁怒，真的，但是我控制不住自己的言行，如果理智能战胜情绪，这世上就没有"迁怒"这个词了。关上房门，楼下没有传来妈妈以往的唠叨声，我有些不习惯，但终是没有打开门一探究竟。我在恐惧，害怕看到妈妈失望的脸，虽然那只是我的想象；我也在逃避，我清楚知道，我的压力，大部分是因为妈妈，虽然那只是我自己一厢情愿的施压。

妈妈，我想满足你那小小的虚荣心，让你能够在他人面前炫耀你有个考上名牌大学的女儿。

妈妈，我想尽自己微薄的能力，让你能够在生活的重担下依然笑靥如花。

妈妈，我想代替逝去的爸爸照顾你，告诉你说不用担心，还有我陪你。

妈妈，妈妈，我只是想成为你矢志不渝的骄傲。

高考进入倒计时的日子里，我更是把自己虐了千百遍，整整瘦了十斤！

后来我妈实在看不下去了，拿着鸡毛掸子冲进我的房间，揪住我的耳朵就吼："死丫头，你再不下去玩信不信我抽你？！"

说还能淡定学习肯定是骗人的，我受到了不小的惊吓,所以……实在忍不住放了一个屁,很响,所幸不臭。

整个世界都安静了。

我欲哭无泪,早知道就不吃地瓜了!

妈妈终于反应过来后,拍了拍我的肩膀,狂笑不止,说:"你个死丫头终于像正常人了。"

我已经无力吐槽。

妈妈也不管我的反应,扔下鸡毛掸子就拖着我出去,说是再不放松一下,她女儿就要学傻了。

我拗不过她,就遂了她的意思。

走到半路,看到有人在卖所谓成功人士演讲的门票,我扯扯妈妈的衣角,说:"我们也去看看?"

"不看。"

"为什么?"

"我不想你真的成了傻子,以后还靠你养呢!"

"那更应该看看!"

"有什么好看的,你学得了人家的态度,学不了人家的心智。心态可以改变一些事情,但绝对不是全部。况且成功的原因有千千万万,失败的却只有几个,只要你成功了,你说的就是对的。"

须臾间,我脑子一道光闪过,混混沌沌的脑袋好像明白了什么。

妈妈继续小声唠叨着:"其实我不要求你什么,尽力就好,这世上不可能人人都成功。"

妈妈的一席话，引起了我深深的反思。试想曾经听过无数的励志成功故事，是否真的要完全相信？然后模仿成功人士的做法？

爱迪生十三个月的艰苦奋斗，试用了六千多种材料，试验了七千多次，才成功发明了电灯泡；肯德基爷爷的一千零九次失败；汉尼马收藏《布吕特芬风车磨坊》，被世人嘲笑长达三十五年之久，才得以证明是梵·高的作品……这些，无不在说明一个道理：成功只不过是我坚持了，而你没有。

我们一直埋头苦读，争分夺秒在书海里做着练习，这不也是一种坚持？

我们一直努力着，都在向同一个方向奔去，义无反顾，这不也是一种坚持？

我们为了三天的高考，为了这个命运的转折点，整整学习了十二年，二十四个学期，其中还不包括留级、补习的时间，这不也是一种坚持？

那么为什么还会有"明明很努力，学习分数仍不提高"的苦恼？

为什么还会有因高考失败而郁郁寡欢甚至跳楼跳河各种死法的例子出现？

为什么还会出现大学生找不到工作的情况？

这说明了一个事实，我们只看到了成功的一面——成功需要坚持，却没有看到成功的另一面——要有必要的放弃。

需要坚持的是结果，而不是方式。

想通了这些，自然是海阔天空，不再把自己往死里逼，一定要夙兴夜寐地写着练习，追赶着那些走在高处的人，追逐着名牌大学。

当我疲惫，那就歇息；当我苦恼，那就哭泣；当我快乐，那就小小的忘乎所以。过着快乐的小日子，高考算什么，那只是成功的一种方式，没必要刻意去征服，我要征服的，是脚下的路，是生活，是自己。在学习的时候，我告诉自己，我在成功！随后再一头扎进题海里。

高考来临的时候，妈妈特别淡定，她不像别的父母一样嘘寒问暖，又是接送，又是递水，又是擦汗的。她还是在工作与家务事之间奔波忙碌，但家里的饭桌永远都摆放着为我准备好的饭菜，热腾腾的，很是温馨。她不曾问我考得好不好，顺不顺利，也不说一些安慰我、鼓励我的话，甚至还会在晚上穿着漂亮的裙子去跳广场舞时，扭头邀请我："臭丫头，要不要跟我去跳舞？"

我一想起广场那些大妈们挥动着双臂，扭着屁股跳来跳去的样子，一个恶寒，使劲摇摇头，说："算了，我看书，看书，呵呵。"

"好吧，考完试教你跳双人舞？"

我眼前又晃过以前妈妈和一位阿姨跳舞的场面，两个人,在一大群大妈间转来转去,从东到西,又从西到东,如此循环,不止不休。我又是摇头又是摆手,说:"不用,真的不用,要不你带我旅游吧,刚好放松一下下。"

妈妈回眸一笑:"好啊,土豪,你出钱吧!"

"土豪妈你才是真正的金主!"

"不不,土豪你妈只是好大一只土鳖。"

"那我就是小土鳖……"

"你基因变异,早就不正常了!"

有妈如此,想让我不以平常心对待高考,比给人家钱还难。

三天时光就这么过去,说快不快,说慢不慢。交上去的几张卷子,对每个人的影响力是不同的,有人欢喜有人忧。但那段日子已经过去,在分数下来前,我们都可以暂时当个无忧无虑的孩子。

提前回到家,惊讶地发现原来母亲一直坐在家里的沙发上,神情迷离,恍惚着不知道在想着什么。突然一个念头涌起,难道之前母亲一直是坐在这里等待我的归来?

"妈,我回来了。"我小心翼翼地说,生怕惊吓到她,这样的妈妈,让我感到陌生。

妈妈似受了惊吓的小兽,猛地转过头来,发现是我后,又恢复平静。我在她的眼神中,读到了她的不安,我实在想知道,有什么能让那个顶天立地能当男人用的妈妈感到不安?

"丫头,我们去旅游?"

丫头,丫头……妈妈绝对不正常。妈妈平时会叫我臭丫头;若是生气就骂我死丫头;真的愤怒到了极点,她会很沉默,以平稳的声调叫出我的名字。而丫头这个称呼,带着小心翼翼的讨好,永远只有在我伤心她怕刺激我才叫。记忆中她就叫了我两次丫头,一次是由于她的隐瞒,害我来不及见上爸爸最后一面;一次是我暗恋未遂,被男神以一句"学妹,你像猪一样,很可爱啊"给终结掉的时候。

我从头到尾,又从上到下看了看自己,嗯,除了又长回了一些肉,没多大问题啊!不过一想到可以旅游,我就不顾及那么多了。

疯了两个星期后,拖着大包小包的东西归来时,遇上隔壁的李大妈。大妈遇上我妈,叽叽喳喳就开启八卦模式。就在我忍不住想说我先回家的时候,大妈发现了我,就像哥伦布发现新大陆一样,先是大叫一声"啊",然后围着我转了一圈,又拉着我左看看,右看看,活像买童养媳的地主婆!在我各种腹诽的时候,她来了这么一句:"八戒,你去非洲啦?"

我说:"没有,没有,只是去游泳了。"不好意思,我外号是叫八戒,但我不承认我去了非洲。

大妈又大叫:"游泳?不是说游泳能减肥?之前瘦了一点儿都能看见腰了,现在又不见了!"

"呵呵,最近吃得有点多。"

"这可不行,又成大胖子了!"

"伯母……"

"啊?"

"是小胖子。"

"大胖子和小胖子不都是胖子?!"

……我无语。

"现在还黑乎乎的,八戒,你以后改叫'熊二'得了。"

我求救地看向一旁的妈妈,她倒是一副事不关己幸灾乐祸的样子,还冲我笑了一下,用甜糯糯的声音说:"熊二。"

我气急,却只能干瞪着眼。

随后大妈又问了我高考成绩怎么样,想去哪里读之类的话,这时候,妈妈不再说话,脸上也没有了笑容。

一路沉默,我好像隐约明白了妈妈一反常态的原因。

回到家里,妈妈一头钻进厨房为我张罗好吃的,我则坐在沙发上思忖要怎样化解妈妈心中的结。解铃还须系铃人,我知道,当初我的反常,再加上或多或少总会听闻某某高考落榜的考生选择了封闭、自暴自弃、自杀等极端方式的报道，吓坏了她。

那个顶天立地，天不怕、地不怕的妈妈，就怕她的女儿想不开。

咬着筷子苦思冥想着，不知道怎样才能安抚妈妈的不安。

妈妈敏感地以为方才我在路上受刺激了，夹着一大堆菜放进我的碗里，说："多吃点儿，你这样最健康，别听她们瞎说。"

"嗯……高考，你不要太注重，尽力就好啊。"

"实在不行，我买几只猪让你养，现在不是也有大学生养猪致富的例子嘛。"

……

我仰起头，把想要夺眶而出的眼泪逼退回去，放下筷子，抱住妈妈的小蛮腰，使劲克制住哽咽声，阻止掉妈妈毫无头绪的胡言乱语，说："妈，我没事，看成绩的时候，陪我一起去？"

浓浓的鼻音是无法忽略掉的，妈妈体贴地想要回避掉这个尴尬的场面，她站起来，把我从她身上扯下来，说了一句"好啊，我去上个厕所"，就走开了去。

透过水雾般的泪眼，看妈妈远去的背影，我想这下妈妈能安心了吧。

我只想温柔地落笔

亦青舒

一直觉得文字是这个世界上最奇妙的排列组合。

很多很多个方块字,连同十几种标点作为原料,被一双手巧妙地糅合,细致地揉捏,精致地烘焙,最后像纸杯蛋糕一样,被小心地放进一个个方块格子里。当眼睛注视它们的时候,就能闻到特殊的香气,尝到奇妙的味道。

初二的夏天里,教室里靠窗的那个位子,抽屉里塞满大张大张的A4纸。

少女的心绪沉浮,明明暗暗,全在那么一张纸上。寻觅最好看最温柔的词语去描述心里的某个瞬间——清朗天气里走在梧桐绿荫路上抬头仰脸看见跳跃浮动的光斑,年级大榜上自己的名字和另一个名字挨得好近,我低头又抬头,心里细密琐碎的欢喜像河畔生长的小小白花。有时候要努力找尽所有的精妙无双的比喻,去比拟一种难言的情绪。

如同世界上最棒的猜谜游戏。尚在笔管里沉睡的碳素墨水，等待着某天能够通过书写这个动作，一笔一画，最后躺在洁白的纸上，排列成昭然若揭的谜底。

笔尖在纸上迅疾奔跑，留下片刻即永恒的瞬间，它们长着方块字的模样。

喜欢的人在理科班，实打实的理科男。除了上篮球场时有片刻的沸腾之外，其余的时候骨子里都是冷静的血液。崇尚精准、细致和高效能，手腕上戴一只纯黑色的腕表，下课铃一响就拽起灰色帆布包噌噌噌地下楼推车回家。

文科班在五楼，理科班在三楼。因为理科男这么高效精准，我忍痛改掉拖沓的毛病，早早收拾好书包，争取在打铃的前三秒冲出教室门以免被蜂拥而至的人流堵滞在四楼。即便是这样还是不够快，下楼的时候要三步并作两步，方能勉强赶上前面单车棚里那个白色的影子，接下来就要鼓起勇气拿出早在家里镜子前练习无数遍的微笑，匀一匀气息，假装出一种闲庭信步的从容："欸，真巧啊。"

对方会笑一笑，露出好看的虎牙。两个人自然而然地同行回家，路上聊一聊日常琐事。每每这种时刻我总是变身话痨，迅速在满脑子里检索平日里收集的相关消息，然后努力把它们串索成一个个听起来有趣的话题，把这段短暂同行的时间填得有血有肉生动活泼。

这当然比写议论文拿高分还要难。不过这时候的我也总比写议论文时更认真。

高度的全神贯注——微笑的弧度，说话的语气，以及蹬着单车的频率幅度都要小心控制。每天不过十五分钟的同行，在回家之后要写整整一个小时的日记来慢慢整理和重温。

落笔的时候，嘴角带着笑意而不自觉。

只想要温柔地落笔。

最好的闺密顶得上半个青梅竹马，擅长书法和手绘。在幼儿园里我们就是天生一对的好搭档，两个人周末待在房间里一整天也不觉得闷，她画她的画，高山流水梅兰竹；我写我的字，情绪藏在一个一个长长短短的故事里。

最喜欢的写手另维曾经讲过一句我特别喜欢的话，大致意思是这样：

"我说女生至少要有一个和功利没有任何关系的兴趣和爱好，当你认真投入于这件事的时候，全世界都没有办法伤害你。"

这是真的。闺密说，再难过的时候，只要把自己关在画室，看着颜料缤纷的色泽，毛笔柔软的毫尖，以及质地柔韧的宣纸，她都会变得心平气和。抬手写一幅字，画一幅画，挂在墙上细细地端详，心里有什么褶皱都能慢慢抚平。

窗外的雨滴淅淅沥沥地打在芭蕉叶上，下雨的晚上开一盏灯光昏黄的台灯，伏在桌前一笔一画地写字。每一个不一样的故事都好像一件又坚硬又温柔的铠甲，披上它我只觉得整个世界都变得静谧安全。过往的种种情绪好像各个分支不同的洋流，它们汇入一片包罗万象的海，然后交织暗涌，拍打出好看的水花。

委屈的时候写字获得安慰，开心的时候写字达成分享，不被理解的时候写字让我豁达，失去目标的时候写字令我冷静。

只想要温柔地落笔。

在进入大学之后的很长一段时间，日子过得混乱而迷茫。如同身置于一个最为神奇的岔口，能看见千万个不同的方向。每天过得忙碌而疲惫，直到某天忽然一个老朋友的对话框跳出来直白地朝我发问："你还在写吗，像以前那样？"

我怔怔地看着对话框，伸手在键盘上来回进退，却想不出合适的应答。手边是替社团写到一半的凌乱策划书，还有各种各样言不由衷的申请书致辞稿，以及自己都不喜欢的稿子和文章。它们在我的手肘边安静躺卧，默不作声地欣赏我此刻的难堪。

那段日子真的过得糟糕极了。仿佛站在一个青黄不接的路口，心里却再没有当年倚马仗剑走天涯的快意和洒脱。尝试很多新的事物，付出时间、精力和期待，却渐渐开始患得患失，斤斤计较。我写下的每一个字，都藏着急功近利的心。想被看见，想被肯定，想迅速拥有自己的风格。期待得越多，失望也就越深重，面对着逐渐黯淡下去的屏幕我能看见自己沮丧的脸。这样真的不开心吧，一点儿都不开心。写字对我来说，几乎失去了所有奇妙的光彩和郑重的意义。

　　我还在写吗，和以前一样？

　　朋友忽然给我传来很久之前的书信和旧字稿，我一张张地点开，熟悉的笔迹和回忆重合，那个面带微笑在深夜里埋头写字的女孩子又从记忆里跳出来站在我面前。她曾经在日记写过，想要温柔地落笔，带着她的故事，去风里有诗句的远方。

　　那是我吧，那是我啊。

　　忽然就热泪盈眶。起身去盥洗室里掬一把冷水洗脸，窗外是浩渺的东湖和秋日里的风声。我认真地看着镜子里的自己，对自己说，不管在什么地方，你要活成自己喜欢的样子。

　　还有，别忘记自己的初心。

　　重新在博览上出现的时候，我已经过完了自己十八岁的生日。

非常幸运地遇到了世界上最好的编辑，我知道我认真写下的每一个字，都会经由她的手送到很多人的眼前，被翻阅、端详和分享。她教会我的事情比她以为的更多。写故事的少女从来就不寂寞，正如我少年时期最爱的作家所说——给我纸和笔，我能写下我心里的原野和道路。

十一月的主题策划轰轰烈烈地引发了空前的热情讨论，那些年的大神被征集被呼唤，虽然集满九宫格也不能召唤神龙，但却已经是一件足够振奋人心的事情。那些年写字的少年少女，在茌苒的时光里，渐渐长成或挺拔或温柔的模样。我看着那些熟悉的名字，想起那一个个温暖的故事，它们曾经被印成铅墨，长久地陪伴过我的青春。当我偷偷躲在窗边用手指轻轻翻页的时候，我也默默地在心里重温着自己的梦想和初衷。

虽然写故事的人，早已走得很远很远了。

但那些稍纵即逝的故事里，光是某个女孩儿的骄矜侧影，就足够我回味一生。

我只想温柔地落笔，那些青葱白雪的时光，会在每一个故事里，留下长久恒存的倒影。

愿你在那些倒影里，能看得见自己。

不 见

陌 路

日升日落，寒来暑往，夏天额角的汗珠仿佛刚刚蒸发就跑到玻璃上化作了氤氲的水汽。

生命里第七年的浅秋注定是非比寻常的，而那个蝉鸣声声、暑热尚余的日子，于我而言也注定成为一场浩劫。

生活就是从那时起不同了的吧。

一切如故，我依然去不远处葳蕤的花枝旁扯可以晒干烧火的野草，顺便用石子在老旧的砖瓦墙上画一个大大的表情。只是我终于见到了那两个应该被我叫作爸爸妈妈的人。其实他们还来过三次，在我两岁、三岁时，却只在尚无记忆的我身边飘荡了几天便决然离开。所以我对他们的全部记忆，只有不时打来的电话。然而山里的信号让本就不多的电话断断续续，如同抽噎的孩童。简明的交代取代了嘘寒问暖，短短的通话也让那些细致入微的情感渐隐渐深，最后悄然退去。我无限猜测着电话那头的人是什么样，有时想在泥地上画出他们的轮廓，却发现记忆中的他们只是一片空白。

"爸爸妈妈呢？"我问外婆。

外婆便用她长满老茧的枯瘦的手轻轻刮蹭我的小脸，淡淡地叹气："他们在很远的地方，和比琪琪大一岁的哥哥在一起，不停地赚钱，等挣够了，就把琪琪接到那里过好日子。"

我的脸被外婆抚摸得有点儿疼也有点儿痒，但我很喜欢这种感觉，这让我有种莫名的安全感——父母不要我，哥哥不管我，至少还有外婆，外婆的陪伴是这世上最好的爱。

"他们什么时候回来？为什么不来看我……"我的声音渐渐低了下去，最后竟带了些哭腔。

外婆不忍看我，缄默良久，欲言又止。

不过在这天，那几个被我在心里勾勒了无数次的人真真切切地出现在了眼前。只是真正相见并不如想象中的美好。我看着同样稚嫩的哥哥白净到近乎神圣的脸庞，嗅着父母身上陌生的城市气息，恐惧像黑夜吞噬掉不久前还沐浴着落日余晖的万物般啃啮着我的每一寸体肤。更重要的是，这种恐惧将伴随我以后的一分一秒。因为我要被带去一个在我看来遥不可及的城市，那里会有柏油路，有高楼汽车，也有抖不落的一身烟尘。

外婆攥着我的手舍不得放开,我从抽噎渐渐变成大哭,泪水迷蒙了在老树前孑然立着的外婆,几步一回头,我看着外婆伛偻的身影渐行渐小,最后变为树色前的一记黑。我还记得那日的薄风分外暖,树影婆娑,不远处还能听见小溪潺潺。但一个七岁的孩子,不会明白离开也许就意味着永别。"过两天我就回来找外婆!"记得那时向外婆喊道。

我就这样告别了碧绿的菜畦,遒劲的老树,也不见了瑟瑟山风,听不到蛙声虫鸣,远离了那段风野时光,也把童真的笑靥遗留在了大山里。那么,等待我的又是什么呢?

我听不惯窗外箭一般的汽笛声,也闻不惯城市四处弥散的味道——那种让人发晕、咳嗽的混着尘埃的汽油味。杵在十字路口,我甚至看不明白红绿灯。我是那样想念外婆,想念曾踩在脚下厚实的泥土,想念门前盘踞着的老树。

正如不习惯城市的喧嚣冗杂,坐在漂白了的四壁前,他们与哥哥的谈笑声,母亲堆起的不自然的笑容,以及所有人客客气气的柔语都让我感觉像跌入了无尽的不安与局促中,唯恐因说错一句而让他们反感生厌。若是这样,谁还会收容我?

那就选择沉默好了。

不言不语有种奇妙的力量,可以让一切浮躁的东西沉淀下来。同样，不见不顾也可以尽量免去摩擦。

所以我开始刻意躲避。

现在，我早已习惯了穿梭在车水马龙中，大口大口地呼吸着浑浊的空气，用标准的普通话和同学交谈。但所有人都说我是个半痴的女孩儿，呆滞迟钝，内向沉默。他们也渐渐不再为我辩解。他们说，我是个没出息的孩子。也许，他们开始后悔九年前的决定了。

但这又有什么关系呢，至少我已经不怨恨当年他们因为计划生育政策，加之经济能力与时间精力有限，无法抚养两个孩子而把我留给大山。我知道，去广袤的天地打拼是他们最初的梦想，就如同回到僻静古朴的村寨也是我如今的梦想。只是，他们以缺席一个孩子七年童真生活为代价，换取了实现梦想的资格，而我则需赔上一生来圆我的梦。

所以，任凭时光荏苒，白驹过隙，我依然记得那个曾在溪边汲水的女孩儿浅浅的笑，也不会忘记外婆粗糙干枯的手掌。抬头望向窗外灰蒙蒙的天，我知道还有那么多被大山哺育的孩子，张着大大的眼睛，像孩提时的我一样，无限憧憬又迷茫着。

总有一个人为你接风洗尘

杨欣妍

　　立冬的第二日,南北之间也骤然转凉,如水的夜色被冰出了形状,棱角分明,好像十一月里悠长缠绵的心事的气息。

　　往昔伴着眼下发生的事像电影一幕幕闪现,我下意识地弹了一根尤克里里还没有调好音的琴弦,却"叮咚"作响,野外自由清脆的风般好听。

　　妈妈很及时地在屋外大声地叹了口气,我顿了一下,拿起手机发了条动态,我说,那一瞬间我浑身充满了挫败感,从没有那么失落过。

　　几秒钟后微信便收到一条消息,一个久未联系的姐姐问我怎么了,我说:"好多事儿挤在一起,感觉力不从心。"

　　"有时间吗?给我细细说说吧。"她很自然地答道。

这样的对白，初中那年我们相识起就开始进行了。

其实姐姐只比我大一两岁，一直来却像是我的导师，与任何人跟我交流的方式都不同，带着陪伴与呵护，一心想让我好，直言不讳告诉我不该想什么，应该做什么。

大部分时候姐姐会讲自己的生活举例子给我，让我明白每一步都有方向，也会告诉我，她觉得我很努力很棒。

姐姐算是我生命的夜晚亮起的一盏灯。

高中开始我的朋友圈子变得丰富，事儿多起来，不知不觉我们聊天的时间越来越少，大部分时候是我主动找她，有了心事，直切入主题告诉她，有时讲完就任性地关了手机，第二天看到她一段段的话，看很多遍却不回复，比如高一时和爸妈吵架吵得撕心裂肺，好像全世界都在让自己受委屈；比如高二那年的元旦前一天晚上，和当时喜欢的男生冷战，含着眼泪心急如焚；再比如这次，轻而易举被一堆小事情击垮，我突然知道了我有许多软肋，但她像我的铠甲。

昨晚也是，我心急火燎地倾吐自己，细数近日里琐碎的心事，一边说一边想这些事是不是真的会像我预计得那么差。

我说古筝被我妈扔到了柜顶上，于是新买了一把尤克里里，原来还自信地以为也会一点儿音乐的自己应该自学起来得心应手，却发现即便调好了音，四根琴弦却是三个调上的标准音,根本没办法继续下一步的学习。

一瞬间我不知所措,妈妈在屋外又开始唉声叹气,"你弹这个是跟你的专业课有关还是文化课有关?"

想想同班也是艺考的女生还在跟着老师学着玩,心里的失落变得好强烈,原来并不是我以为的,都是能完成的啊。

我说专业课今年安徽新加了统考,只有一次机会,他们一遍遍在告诉我,不通过你这些时间就是白学,竹篮打水一场空。

再加上统考连散文都不考,我不那么擅长的文艺常识却占了百分之四十的分数,弄得我压力好大,心里总是不能安稳……

我就这样单纯地抱怨,心事和盘托出后还是意犹未尽,最后我告诉姐姐,这两年一直在节省着稿费,我怕我考不上本科后,要靠着这点儿稿费开始打拼。

我还想趁年轻多出去走走,我不是装文艺,我就是明白自己不属于这里,新的一年,我想多一些标签,想学吉他想学手绘,想去见见几个外地的好友,还想在走之前,约曾经喜欢的男生出来吃一顿饭,哪怕不说话,吃完便分道扬镳。

我不知道事到如今我还在固执什么,可是事实上,有些事物和感情从我遇见他们开始就改变了,那是一次彻底的洗礼,像我们生来在这世上,就有月亮和日光,天亮时风尘仆仆，夜色里月光替你接风，让你小憩。

这样的夜晚，我乱七八糟地说了一大通，眼眶突然就湿润了，忍不住擦了几下眼泪，不想熬夜就关了手机去睡觉。

一直梦到清晨时分，打开手机显示微信未读有十几条，都是小段小段的，我一口气读了三四遍。

清晨的风不似夜里冷，我特意像昨天还跟好友嘲笑的人那样穿上两条裤子和厚厚的棉衣，天边依稀泛起朝霞的光彩，美好得像童话，我却又忍不住想要掉眼泪了。

姐姐说："我记得我高二还是高三的时候你说稿费才一千多，可想而知你有多么努力。怎么说呢，你有你的计划我感觉很好，可能说支持你的这个计划有点儿不太像积极向上，但我站在我的角度还是支持你的。"

姐姐还说："我来跟你说说我的事儿吧，你会发现你真的很棒。"就是下面的话，我看得想落泪。

姐姐告诉我，她的爸爸从今年五月开始就没给过她一分钱，她妈妈暑假时给她一万块钱交学费住宿费后，每个月都是她妹妹在给她生活费，对了，姐姐说的妹妹应该是她的亲妹妹，初三毕业就出去打工了。

"但是她的钱也不多，我也不好意思理直气壮地跟我妹妹要钱，毕竟那是我的妹妹对吧，我才是姐姐呢。"姐姐有点儿无奈。

暑假的时候她找不到工作，不敢向家人伸手拿钱，就靠她同学借给她的六百块在广州过了将近三个月。现在在学校，她依然找不到兼职，就连测车流量的兼职都找不到。

　　姐姐的爸妈从来不会问她还有没有钱，她也不可能跟她妹妹说自己没有钱了，更不会知道她还欠同学三百块钱。

　　莫名地想起曾经有一次，我说我想要简单的生活，那时姐姐说，她想要精致的生活。可是现在她却告诉我，"一个人想要独立，必然要经济先独立是非常对的。"我知道的，岁月会改变的从来不只容颜那一点点。

　　姐姐说以前她还在读高中的时候，好几次跟宿友说到我，她说想给我一个好的榜样，让我能努力去学习。后来她发现并没能做到，也发现其实并不是说要学得多么好才是好的。"无论从前还是现在，我都觉得对于你来说，本科并不是什么难事。我现在觉得，真的开心充实就好，在高三的时候。"姐姐如实说。

　　"我高考成绩离二本差一分，但是我能上的二本学费都是一万八，加上住宿费书本费各种乱七八糟的东西就可能要两万三左右。还有新疆内蒙古的一些二本我可以上，但是爸妈不让去。

　　三本的学费和其他费用加起来也是两万多，所以我最后放弃二本放弃三本读了专科。我想你也不用太过担忧，高三并不是豺狼猛兽，我反而觉得高三的时光最舒适。

也许很多外界因素在不断扰乱你的心神，但那也不要紧啊，这才是生活的常态。"

姐姐最后还不忘安慰我，她细细碎碎地计划着生活，描述仅仅一个大学的曲折，屏幕这边的我只想抱抱她。

故事的结尾总是出乎意料，一不小心这次的主角变成了姐姐。

其实直到现在我都没有回复姐姐，我不知道要怎么告诉她，看完这些话后的第一个反应是想要给她打去三百元钱，我想借别人的钱太久不好，但如果是我的便没关系，可我这样的回答根本不是她的初衷，每个人心中都有两个收藏夹，一份藏着欢喜，一份是隐藏在深处的悲伤与无奈。

认识的人有时会敲我的号一下，"我又过稿了哦，我这星期过了三篇了。"有时会祝贺，有时我也会忍不住爆粗，假装生气地告诉他其实正巧那个星期我收获颇丰，顺便小小的自信心也悄悄的爆棚一下。

可是我明白，十个人我可以百分之百向他们分享快乐，但只有一个愿意让我打开封存的过往指给他瞧，你看，这个文件夹里全部都是我糟糕的、不明亮的过去，你看了大概会开心一点儿，因为跟我比起来，你更好也更幸运，你要明白你有多棒！

深深深深的心底里，只容得下最亲近的人。所以姐姐，昨晚的我像一个长途跋涉的旅人，途经了太多风尘与疲惫，来到你的住处讨一晚安歇，你不仅把被子让给了我，还为我盛了满碗的饭斟了满杯的水，我唯独默默地咽下，连同那份感激与动容悄悄放在心里，在别处安家，等着某天为你接风洗尘。

最近特别爱赵雷的歌，我迷恋他不矫情的声音唱温柔的民谣，唱那首《未给姐姐递出的信》，"姐姐若能看到我这边的月亮该多好，我就住在月亮笑容下面的小街道，每当不高兴的时候就出去晒一晒太阳。姐姐你那边的天空是不是总有太阳高照……"

听得我陶醉，想坐火车到你身旁，轻声告诉你，别怕也别慌张，我知道你也有软肋，但我会做你的铠甲，就像你一直以来对我那样。

你照亮我星球

黄晓晴

苏澈除了名字好听，并没有什么特别的吧。最后一排的他，就算不缩在角落也不引人注目，一点儿也不像偶像剧里闪闪发光的男主。

他几乎是常人眼中的差等生，上课睡觉，不交作业，成绩不好，偶尔开小差让人侧目而视。他和男生玩得很嗨，却不怎么跟女生说话，可以说他21%的时间里安静又高冷，79%的时间则笑得没心没肺。我当数学课代表时，老催他交作业，才和他有了交集。

苏澈说他看不懂那些乱七八糟的公式和函数，又不想抄答案，所以没交作业。我让他每天做一道题，他只好旋转笔杆对着题目苦思冥想。每次找我问问题，他都认真地边听边记。偶尔问到还没教的函数，他挠挠头，尴尬地笑笑，"那你先给我讲讲吧，你肯定会。"听我讲完后，他恍然大悟，一脸真诚地说："怎么办呢，我无以为报，以后帮你打水带夜宵吧。"看着他认真的样子，我觉得好笑又感动。

端午节我买了个粽子吃，没去吃晚餐。苏澈也没去吃，说他叫了外卖。没过多久他就拎回两大袋外卖，抛了一袋给我，一脸幸福地说："两份盖饭和两份肉菜还送两瓶果粒橙，减这减那我才花了十块钱，好想叫他们继续烧钱不要停……"那个晚餐撑得我胃胀，苏澈竟然还问我要不要吃夜宵。我摇摇头继续做题，正好水杯没水了，于是把水杯给他。我以为聪明的他会帮我打水的，结果他帮我带回一大杯绿豆汤，让我哭笑不得。他不好意思地笑笑，"我问你吃不吃夜宵，你就把水杯给我了，我以为哈哈哈……"

有时候写了诗文，我会扔给苏澈看，就是单纯地想知道他有什么读后感。他说得最多的一句话是："你写得好悲，看得我心情不好。"他指着我的文章说："你说有阳光的地方就会有阴影，那为什么你在阴影里徘徊的时候，就没有想过有影子的地方肯定有光呢？"我如梦初醒，感觉以前对生活的感受有点儿像坐井观天，也难怪苏澈可以每天都笑得那么没心没肺了。可是这个刚说出点儿人生哲理的家伙，下一秒就变身八卦男，"小说里那个男的是谁啊？是不是喜欢你啊？送你的裙子好看吗……"我告诉他小说是虚构的，他说："我不信。小说里的你不会吃辣，现实中的你也是一吃辣就脸红；小说里的你喜欢冰激凌，你平常就老坑我请你吃冰激凌。你看完全可以对号入座嘛……"我哭笑不得，最后只好说："对啊对啊，那个男的就是喜欢我，送我的裙子可好看了……"紧接着他一脸坏笑，后来我才知道他是在逗我玩。

我第一次看见苏澈有点儿不开心，是在文理分班前夕。他笑着说他舍不得我们，所以有点儿失落。我正想安慰他，谁知他反过来安慰我说："虽然我们不在同一班，但我们还在同一层楼，以后还是可以帮你打水带夜宵什么的。所以你不用难过，我会去看你的……"我看着笑若灿阳的苏澈，难以相信前一分钟他还有点儿失落。

那晚的茶话会，班级举行抽照片写祝福活动，还要当众宣读。我抽到了苏澈的照片，他站在广州塔前笑若灿阳。我念那段祝福时，他一脸的沉醉。最后为了渲染气氛，他扑通一下倒在椅子上，一手捂头一手摸心口，告诉大家他的心幸福地碎了……那时我想，如果苏澈抽到我的照片，他会给我写些什么呢？大概会写搞笑又温暖的话吧。

分班后，我也没怎么感伤。虽然除了老同桌，一切都有种违和的陌生感。渐渐习惯后的新生活没什么波澜起伏，只是那次我突然感到莫名的难过，不知道是班长落选还是数学考不好，或者只是因为肚子痛，总之我趴在桌上哭了一节课，连远隔九个班的苏澈都知道我哭了。他跑过来安慰我，问我怎么了，我摇头说我也不知道。后来他给我泡了一杯热牛奶，还写了张纸条——

> 虽然不知道你为什么哭，但希望你开心点儿。希望牛奶不要太热，能温暖你的心就好。——苏澈

记忆中这个爱笑也爱逗别人笑的男孩儿，平凡，没什么特长，没有特别的经历，也没有伟大的梦想。只是跟他待久了，我觉得生活没什么好难过的，快乐简单到想笑就能笑得没心没肺。他没看过多少书，却知道影子的背后会有光，而我往往纠结于生活的阴暗面，忽略了光芒的存在。

他平常一副无所谓的样子，可是认真起来就像星星一样闪闪发光。有关他的所有温暖美好的画面，都跳动成明媚的光，在我的星球暗淡时，照亮那些黑暗的角落。

有一个地方的时光安然无恙

麦田田

我一直以为我是没有同桌独占后排的人，开学大半个月了，突然看见安然在我旁边的桌子上呼呼大睡，更为尴尬的是老师也不管他，更不用说他的睡容总是朝向我。有好几次想大声朗读课文时，看到他那张仿佛睡也睡不饱偶尔会皱着好看的眉头的脸，心里就异常别扭，自此一块柔软的心塌落了。

"哎，这个看脸的世界。"小井说。他抱怨老师偏心偏到可以让安然在课堂上无数次以睡美男的睡颜酣然入睡，而他只能面朝天空独占走廊一角暗自伤神。

据前排女生统计，安然只有在英语课上会醒着拿着笔转转，而他那白皙的脸总是一副无神的表情。但这丝毫不影响她们的心动指数爆表。而我身为安然的同桌，与他的交流却仅限于那句"英语课叫我"。一个连体育课都不去上的男生在我看来是怪异的，是极度不合群的一种表现。

没有怦然心动的巧合，也没有简·爱初见罗切斯特从马上摔下来的情景发生。他的一切都与我无关。他在他的世界里酣睡，我在我的世界里读书。岁月极美，微风吹拂脸颊，每个下午下课铃响总会瞧见他从梦中惊醒的模样，就像误入猎人设的陷阱里的兔子那样迷茫无措，不一会儿又会恢复淡漠表情，重新以一个舒服的姿势入睡。

他在桌下的手有一个习惯性动作，摊开手再慢慢握紧，所以他偶然握住我的手，从手心里传来温度时，我并没有心慌意乱，也并没有恼怒地挣开，就像喝白开水那样自然，不紧握也不放手。

他痛苦地捂住肚子时，我给他接了一杯温水放在他桌子上然后从抽屉里抽出物理试题继续做。接着他会像受伤的困兽握住我放在桌子下的左手。不能言说的事情，只属于他与我之间。我从来不认为上帝是公平的，就像我后天失声，他却可以一整天只说一句话"英语课叫我"。但在那段只有吊扇吱呀地在教室上空响，老师拖着冗长声音在讲台上讲话的日子里，转过头看着他皱着眉头好不容易安然入睡的倦容里，在被微风吹过的春夏秋冬里，我看到了只有我一个人不能言语时所能接触的世界。

小井说，他永远失去了奶奶。回家的路上一片霓虹，我看着走在天桥上的小井，一下子觉得小井的背影很孤单，而我说不出暖心的话来安慰他，只能轻轻地拍打着他的肩膀，看着夜晚的凉风从他身边吹过，抚过我的脸，突然感觉一股来自心底的难过，这大概就是别人常说的"感同身受"吧。

安然又没来上课，我还是继续埋头在我的题海中。冬天的风很大，教室里透着冰冷，连刚倒好的热气腾腾的水，不一会儿入口便凉了大半。小井说，他下周要请假去海南玩。看着他写满高兴的脸，我不自觉露出笑意来。

又是一年冬天，属于安然的位置已经被撤掉，我仍然独占着后排。最近喜欢上兰波的诗，他说："我找到了它！什么？永恒。就是太阳与海，交相辉映。"听说兰波长得很美，几乎迷倒了所有第一次见他的人，极富才华又自负。以世俗的眼光来看，他就是个不折不扣的行为放荡的混蛋，他的世界除了魏尔伦外只有他一人懂。兰波去世的时候很年轻，留的诗不多，三十七岁。而安然走的时候也很年轻，留了一段时光给我，刚好十七岁。

安然并没有出什么大事，再一次见到安然时，他已经胖得我都差点儿认不出来。激素真是件可怕的东西，能轻易地将年轻的身躯变得臃肿。彼时，他正在医院里拿着药袋费力地跟别人挤电梯，"叮"的一声后，我站在电梯外，听到自己在心里对他轻声说了声："对不起，让你承受那么多，要永远好好的。"

那是我第一次对别人说跟"永远"有关的话题，即便是无声的，我仍希望岁月静好，你仍是我回忆里的安然无恙。

期待安静的雨

沈依米

坐在静谧的图书馆,我的心放下一切喧嚣烦恼,无比的平静。

来到学校已三个月了,在家乡的一切,还历历在目。来的时候还是桃花满天,转眼间便热气烘人。

接到三个月来爸爸给我打的第一个电话,我从图书馆匆匆逃离。我已经有三个月没有见过他没有听到他的声音了,一瞬间竟感到陌生,看着电话上熟悉的"爸爸",心里一阵阵难过。"怎么样?过得好不好?习不习惯北京的生活?能不能照顾好自己?"一接通电话,爸爸一连串的问题,直问得我眼眶发红,忙点头却猛然发现他看不到。"好,都挺好的,你不用担心我,我多大的人了怎么还能照顾不好自己呢。"寒暄一阵,我们都没了话语只剩沉默。他最后只知道叮嘱我,要吃得好,不要怕花钱,别委屈自己。

想当初,爸爸是家里唯一反对我来八维的人。他觉得八维不能给我安定的生活,从我跟他提出来这里的想法时就开始跟我冷战,拽着我去老师家求着老师劝我不要放弃在家乡的学业,见我无动于衷后他一个人跑来北京考察学校,最后还是不同意我在这里上学。

走的那一天,我和妈妈拉着大大的行李箱,蹲在门口等着爸爸送我们,他目光深沉地看着我,目光里有责备,也有伤心,更多的是惋惜,他最怕的就是我选错了路,以后会过得不好。他点了根烟,吐出烟圈后问我:"确定了?""嗯。""你以后不要后悔,我不会给你打一分钱生活费。""我选的路,我自己走,我可以过得很好,你不用担心。我会哭会痛,但绝不会后悔。"爸爸叹一口气,揉碎了手里没抽完的烟,起身送我和妈妈去火车站,那是我们最后的交流了。

到了夏天,北京就多雨,时不时的雷阵雨打破了我沉湎于过去的思绪。豆点大的雨落在地上,发出啪啪的响声,让我想起来北京的那一天也是这么大的雨,坐在火车上的我心情既期待又忐忑,新生活,新困难,以后的生活只有自己,而我一直视为依靠的爸爸不支持我,让我的心里更是没底。当时的我在心里想,以后都不要跟爸爸说话了。但是三个月之后的现在,接到爸爸的电话,我感到惊喜,他终于肯理我了。

接完电话,我撑着伞回学校,回想着从前,小时侯的我最喜欢骑在爸爸的脖子上,让他带我看世界上最美的风景。后来大一些,爸爸开始在家里掌厨,每天都琢磨着给我做什么饭,既能让我喜欢又能有营养,我最爱吃他炒的土豆丝,卷在他烙的饼里,真真是美味极了,我一次能吃三个!我永远都记得每当我享受他的饭菜时他的眉开眼笑。自从上了高中后,我经常和妈妈吵架,一吵完架我就觉得家里闷,偷偷跑出家门乱转,到了午夜宁愿一个人面对黑夜害怕也不愿意回家,每一次都是爸爸转遍了我可能去的所有地方,把双眼通红的我拉起,带我去夜场吃最好的臭豆腐。

经过半年多的冷战,实践和空间的考验,我和最亲的爸爸终于又和好了,我忍不住在大雨之中泪流满面,心里忽然期待下起安静的雨,让爸爸能听到我内心的喜极而泣。

翻到日历,发现马上就要到父亲节了,2015年大半年过去了,我和他在这大半年里几乎都没有好好相处好好说过话,很想借这个父亲节给爸爸买个礼物,告诉他我过得很好,每天都很充实,我学会了很多,没有了父母的庇护我自己磕磕绊绊地成长,在八维历练自己,虽然有过不开心,但更多的是学懂一些人生经验的成就感。

爸爸,节日快乐,不要担心我,我很好,只是很想你。

一抹茶香是绿海

温不柔

他们说，海是蓝色的。在海中央的小岛上，你可以看到白色的浪花与蔚蓝的天空形成水天一线，你可以闻到湿漉漉的淡淡海腥味和清新海风混合的味道。可是我站在海中央的小岛上，望到的却是一望无际的绿色，浅绿，嫩绿，深绿，墨绿……海风一吹，都会有一片一片的郁郁葱葱像叶子般的浪花拂过我的脸颊，穿过我的发丝，弥漫在我周围的空气是一阵一阵的茶香……

海是绿色的，我以为。

海是绿色的，是去年夏天他告诉我的。

他爱喝茶，不管是饭后还是睡前，都喜欢泡上几杯茶，坐在沙发上看着电视。他大概只是喜欢那个味道，但还是一副看起来很满足的样子。每次我走过他边上，都会留下一句："晚上别老喝茶，茶是提神的，别喝失眠了。"他望了我一眼，默默地放下了茶杯，然后看着我的背影，不语。

想起那个夏天，那个热得连狗都不想收回舌头的夏天，那片绿色的海就在我的眼前涌动，那碧绿的浪花似乎要将我卷入回忆的旋涡……

深夜，我像很多高三学子一样挑灯夜战。

她来敲门，"早点儿睡吧，明天再看也可以，身体要紧。"

"今天没把该看的看完，计划就全乱了，我看完再睡。"

她知道拗不过我，叹了口气慢慢地合上了门。我看了一眼紧锁的门，好像她在和谁轻声说着什么。

我咬了咬牙，不顾窗外逐渐稀少的灯火和越发沉寂的夜空，一头扎进书海。

我合上书本，看着镜子里皱着眉头的自己，疲惫涌上心头……唉，这个时候他们都睡了吧！我侧过脸，窗外的夜似乎更加寂静更加漆黑，好像全世界就只剩下我一个人在单打独斗。

喉咙好像有一块黄连梗在那里，我苦笑着，算了，让水把苦涩都冲走吧！

我起身，准备去客厅倒水，却听到了脚步声！

是脚步声！是后退的脚步声！夜深人静的时候耳朵总是异常灵敏，我的脑子开始快速转动……这么晚了？谁在外面？难道是……我顺手拿起笔，那尖锐的笔尖顿时给了我安全感。我小心翼翼地走了过去，没想到门却开了！我下意识地往后退……

"爸，怎么是你啊？吓死我了。"我突然松了口气。

"我刚刚睡不着，寻思着你应该还在看书，想起你说晚上喝茶提神，就顺手泡了杯茶给你。拿着，小心烫……"他讪笑着，有点儿不好意思地挠了挠头发，反而像做错了事的小孩子。

"这样啊……我正想出去倒水呢！我还以为咱家进小偷了！赶紧去……"我说着话，漫不经心地接过茶，却被手心的温度噎住了想说的话……

刚泡的茶？他在门口等了多久？为什么刚泡的，滚烫的茶会降成让我手心感到温和甚至微凉的温度？他看着我呆愣的样子有些踌躇，我却好像灵魂出窍，看到那时那刻他双手端着茶，一直等在门外的样子——像一个百无聊赖却负有重大使命的哨兵！

"别看太晚了，不要有压力，身体要紧知道吗？"他搓着手，好像是说了经过深思熟虑才小心翼翼说出来的话。

"嗯……"我看穿了他的谎言，却不知道如何拆穿，只是点着头，"你也早点儿睡。"

我转过身，听到他轻轻合上门的声音，橘黄色的灯光下，绿色的茶叶泛着微微的黄，看着让人更加温暖。我喝了一口，舌尖上的苦涩让我微微皱了皱眉，可当茶水滑过喉咙的一瞬间，眉头舒展，唇齿留香……

我再次翻开笔记，好像少了份困意和闷热，书桌上的玻璃茶杯泛着光，像是绿色的海洋，或沉淀或漂浮的茶叶就像浪花，他给了我一杯汇合了全部的关怀的绿色海洋。

凌晨了。

我终于松了口气，合上书本关了灯，微微不舍地握了下已经变得冰凉的玻璃茶杯。我躺在床上闭上眼，刚准备入睡，就听见了门外传来的呵欠声，接着不一会儿，我就听到了隔壁房门轻叩的声音。很小声，可是当夜深人静好像时间都停止了的时候，就连呼吸声也异常清晰。

我睡着了，我想他也应该睡了。淡淡的茶香伴随着匀称的呼吸，随着我进入了梦乡……

我梦见了一片绿色的海洋，我站在海中央的小岛上，望到的却是一望无际的绿色，浅绿，嫩绿，深绿，墨绿……海风一吹，会有一片一片郁郁葱葱的像叶子般的浪花拂过我的脸颊，穿过我的发丝，弥漫在我周围的空气是一阵一阵的茶香……海岸上留下了透明的许愿瓶，里面装着许多绿色的愿望……

海是绿色的，那时那刻站在我身旁的他说。我也相信，我的生命中一直都会有一片绿海，环绕着我这座小岛。

心事太重，胡子太浓

我们告别了以往的时光，还有关于胜利的梦想

亦青舒

1

她成绩从来就不好。还没有分文理科的时候，和开普勒定律搏斗，日夜刷题跑办公室找老师问题，姿态谦卑如墙角的无名草，眼神里带着小心翼翼和脆弱骄傲，叫人看了心疼，不忍直视。即便如此，卷子发下来，她还是只能低头，把卷子攥紧，对折再对折，夹在课本里。谁看跟谁急，像是不能被提及触碰的伤口，只能自己躲在角落里慢慢舔。

我知道她有多努力，一心想要学理科，拼了命想进年级大榜，每日来得早走得晚，起床和入睡时候窗外都是沉

沉的夜色。一天二十四小时，绝大部分时间里我只看见她伏在桌前，额前刘海儿被潦草地撩起，眼睛盯着手里的课本和题集。付出越多期待越大，但物理卷子发下来，却比我这个一心打算投奔文科的懒女人还要错得惨烈悲壮。我总是讪讪地看着我手里的卷子，又看一看她，不知道要说什么好。叹一口长长的气，继续看手里的小说。

我们是同桌。两个人都是能被数理化老师用悲悯眼神长久注视的物种。

但她拒绝和我同病相怜，她有她的骄傲和自尊，这些我都知道。

因为我曾亲眼看过她不小心掉在地上的笔记本，扉页摊开，露出一句话。力透纸背的笔迹，想必写它的人一定抱着背水一战的决心：坚持就是胜利。

2

熬到高二分文理科，最后一场期末考她考得非常糟糕。排名出来那天她坐在我身旁，一直哭一直哭，两只肩头耸动。安慰苍白无力，我只能沉默。只想着自己文科排名位列年级第一，能和自己喜欢的人一起进最好的文科班，心里觉得欢喜。

至于她，这样的成绩必然无法继续留在理科提前班，不想落入鱼龙混杂的普通班，最好也是唯一的办法，就是选择文科。她心里利弊都清楚，只是心有不甘，不愿面对狰狞现实，眼泪流干净了，终于抬起脸问我："顾影，你陪我去办公室改志愿可好？"

我点头，木讷笨拙地起身，说："好。"又顿了顿，小声地说，"先去洗手间擦把脸吧，别哭了，都会好的。"

3

后来我才知道，我给出的这个保证是多么敷衍而不负责任。

读书很多年，我们都知道学校是一个多么奇妙而残忍的地方：这里有游手好闲却拿着高分的学神，有勤勉认真便能有所收获的学霸，当然有无所期待休闲度日的学渣。这些人，他们的日子比别人都要好过，我是指，如果从付出与收入之比来看，他们要么是得到的比期待更多，要么就是两者持平。总之命运对他们仿佛无所亏欠，一切看起来都算公平。

可是她不是这三者之一。有些人之于应试教育，好比是生活在错误水域的鱼群，他们从一开始就觉得不适，却还是要拼命忍受，努力适应；他们之中的一部分，可能放弃，可能不再执着，渐渐接受现实，妥协生活；可是剩余下来的那些人，有着强烈的自尊心，分明荣辱感，付出加倍的努力，期待更好的结果，他们不能原谅自己走在队伍的末端。可是"公平"二字，却自始至终不肯垂青。他们往往会陷入一种可怕的死循环里，越失望，越努力，越努力，也就越难过。

是的。即使是在竞争相对温和的文科班里，她也还是达不到自己的期待。政史地并不如外界传闻一般，只要下死功夫背下去，就能在文综里笑傲群英。至于语数外，更是要深厚基础和天赋底蕴的东西。高三。在我连续考完三次年级前三之后，她找班主任求调离座位，不愿和我再同桌。收拾东西走的时候，她看我的眼神里带着愧疚，但不失诚恳："顾影你没有做错什么，你是一个很好的女生，帮我很多，也那么优秀……"

我不说话，只看见她眼眶潮红，知道她哭过很久。她咬了咬唇，继续说下去，目光转向窗外："还有几个月就要高考，我心里真的害怕，我不知道什么样的结果等着我。我家里……你也知道，妈妈的希望都寄托在我身上。他们总说，坚持就是胜利，我写题，背书，熬夜……不怕你笑话，你丢的咖啡包装袋我都偷偷看过，记下那个牌子，然后照着买了喝。"

我没有笑，只是认真地看着她。

"可是没有用。我做什么都没有用，二十四个小时我只舍得花六个小时睡觉，不做任何与学习无关的事情。可是每次排名出来我还是那么糟糕。我们是同桌，你每天踩着上课铃才进教室，课间从不在座位上，你有朋友，闺密，喜欢的人可以认认真真地放在心里……可是你还是照样考着第一，笑着过日子。"

"我真羡慕你。"她抹了一把眼泪，笑着看着我，"可是坐在你身边，我只会更紧张，更焦虑，更难过。所以对不起。"

我怔住，就那么愣愣地，望着那个少女的背影远去，消失在仲春的暮色中。夕阳把她的影子拉得好长。

4

身边的位子就一直那么空着，临近高考大家都习惯保持熟悉状态，于是我也就没有新同桌。一个人在春末夏初的傍晚里写着写着作业，就会忽然发呆想起她来。坐在我身边的少女，清瘦又沉默的侧脸。她曾在笔记本的扉页上郑重其事地写，坚持就是胜利。我转脸望着右边，视线穿过空落落的位子，只望见窗外的瑰丽落日，云霞蒸蔚，美得静默无声，却令人动容。

我想起天地之大，并不是只有眼前的习题试卷，分数排名、工业革命、鸦片战争、民族政策……生命里，还有那么多美好的旅途和景色，这个世间，还有那么多开阔的生活方式，无限的未知可能，等待着我们每一个人。

是的，每一个人的努力姿态，都值得被这个世界温柔相待。

那么学校的存在，也不应当是消耗我们青春的囚笼，它理当是教会我们如何更好地去面对这个世界的窗口，提供以生活必要的技能。我们在这里学习，在这里毕业，在这里成年；我们也只有在这里收获知识和感情，学会理解和包容，得到武装和智慧，才算赢得真正意义上的胜利吧。

想到这里，我推开堆积如山的习题和试卷，就着缓缓下山的落日，提笔写了一封长信。

5

毕业那天我们穿着蓝白校服站满学校礼堂，初夏的微风和礼堂西北角里语文老师的钢琴声一样温柔。我看着我喜欢的少年上台致辞，身影挺拔好似一棵静默的白杨；我想起那些过去的时光，和朋友并肩而立奋战的姿态；我想起大大小小的挫折、沮丧、焦虑和漫长漫长的等待，想起妈妈深夜里放在门口的牛奶和水果，想起自己偶尔失眠对未来怀揣着那么真实的恐慌。

我们原来都是这样成长起来的。

拍毕业照的时候，我微微地笑着，忽然想起新买的那期杂志上，我喜欢的少女主编这样写过："合影的时候，我总是不由自主就伸出一个V的手势来。雀跃的，胜利的，完满的，开怀的，V是最好的，胜利是最好的。"

"每一次冲过终点线，完成比赛，我们拍手庆祝；每一个下午五点，完成工作，我们招手欢呼；每一回说了分手，结束一段糟糕的恋情，我们伸手擦掉眼泪。"

"一次又一次，我们告别了以往的时光，怀抱着成长的苦涩和顽强的勇气，还有关于胜利的梦想。在这个告别的时节，比起通宵的酒醉和决堤的泪水，我更想用微笑和感激来面对这场离别。"

隔着几排人我看见了她，明亮的鹅黄色蓬蓬裙把她衬得清丽又明朗，最重要的是，她是笑着的。眼角都是明媚。她也看见了我，伸出手，脸上挂着明晃晃的笑容，朝我比了一个大大的"V"。

再见是开始，毕业即胜利。夏天快乐。

心事太重，胡子太浓

街 猫

1. 午夜电影

高中三年，屡次想过退学，面对面和老妈嘶吼，哭着说我受够了，我讨厌学校，讨厌家里，讨厌我生活里的一切。我觉得我根本不属于我的这份生活，我一心想要远走高飞，随便是火车票上的哪座城市，我可以打工赚点儿钱，租个房子自己住，再写些字赚点儿稿费，给自己买酸奶和杂志。至今我仍觉得那是一个很美的梦。重要的是，我有一间暂时只属于我的房间，我可以在里面写字、唱歌、跳舞、看电影、睡觉，不剪指甲，不穿内衣，独自醉生梦死。没有任何人可以打扰我，没有人可以对我说"你必须要把三角函数全部背熟"，或"不准看电视超过十一点"。也不用听任何人说你需要怎么过好你的生活应该抵达怎样的人生。也许我会非常孤独，但自由。

不管过程如何，我终究跌跌撞撞进入了高三，并且做到每周打一次电话给我在另一个城市工作的老妈，她是一个行事风格很酷但超级啰嗦的女人。所以我经常把手机放在窗口上，十分钟后拿起来说："好的，我知道了。"你要注意身体。没办法，我跟她没法好好说话超过三分钟，否则我们会互相嘶吼、咒骂、摔电话。

高三的确压抑、枯燥，但不无聊。我有一个黄色糖果盒，里面装着一叠电影票根。那是我高三唯一的娱乐。很多次，我和C约好一起做作业做到十一点然后去电影院偷吸管，这是我们乐此不疲的游戏，我们在买可乐的时候会偷一把吸管塞进书包，那是我用来喝咖啡的。我喜欢电影院里那种温暖、暧昧、专注的氛围，在那个黑暗充斥着爆米花的甜蜜气味的空间里，总是容易忘掉很多事情，总是以为，我属于那个发着光的屏幕里面的世界。从电影院里出来，街头的冷风让人头脑清醒，我和C兴奋地讨论刚看的电影的情节，偶尔也会激烈地争吵，或者两个人都不说话，把一个雀巢易拉罐一路踢回宿舍。易拉罐在马路上滚动的清脆响声，像是一种来自未来的回音，连接着故乡那根摇摇欲坠的电线杆。

我熬了很多夜，做了很多数学题，还是没有什么进步。但我还是跟自己说，你很棒，你被很多人看好。因为我已经质疑了自己太多次，我不想再那样了。骄傲如我，不可能对别人说，我比较蠢，我做不到。情绪最糟糕的时候，我把自己关在房间里，一个人又哭又吐。我也曾追问自己，为什么你不能让爸爸妈妈满意，为什么你花着别人的钱还不听话，为什么别人都做得到遵守纪律你不行？为什么别人都肯低头认错你非要死性不改？为什么你总是搞砸一切？我如此痛苦地反省自己，不断陷入自我质疑和叛逆交替循环的怪圈。最后我还是从衣柜里钻出来，对着镜子响亮地亲了自己一口。就算考不上又怎样？我就应该去死吗？我坚信就算以后我过得落魄，也是充满诗意的落魄。

所以没什么好反省的，我就是喜欢那个不能让爸爸妈妈满意，死性不改，傲娇毒舌的自己。因为那就是真的我。所幸自始至终，都有一些人在诚实地爱着我，我不会说谢谢你一直容忍这么差劲的我。因为我觉得自己一点儿也不差劲。我只会说，嘿，我们一起去征服地球吧。

2. 城市森林

以前收养过一只流浪猫，比我还傲娇，酷爱吃虾，和我抢罐头鱼吃，深得我爸欢心。我和我爸没什么话说，但那段时间常常看到我爸跟那只猫说话，还笑眯眯的，我有点儿嫉妒。慢慢地我也开始跟猫说话。我爸给它取了一个狗的名字：噜噜。但我只叫它喵。晚饭过后，常常是我坐在沙发上玩手机，我爸坐在我旁边拿着一根小棍子逗猫玩。回想起来，那是我和我爸最温馨的一个画面。晚上噜噜会钻进我的被子，我习惯晚睡，它就在我的房间里瞎晃，拆纸巾，咬衣服，滚沙发，各种捣乱。有一次我半夜下楼上厕所，我家楼底是没有灯的，黑暗中我只听到自己脚踝的骨头发出咯吱咯吱的声音。我从厕所出来，看到那只猫蹲在门外，一副禁卫军守护公主得意扬扬的神情。从那一刻我开始相信猫是有灵性的动物。接着我开学，第一个周末回来就发现噜噜不见了。爸爸说它在外面不小心吃到有毒的食物，死了。

就这样，我失去了我的第一个小猫。

高一的寒假，我在深圳打暑假工，朋友不知从哪弄来一只猫，养在我们的房间里，没过多久就失踪了。

我渐渐开始在小博上发表文章，笔名街猫，慢慢开始有一些朋友叫我猫猫。

到了暑假，我又去了深圳。朋友Y收养了两只猫，一黑一白，已经养了半年。白天她要上班，都是把猫锁在厕所里，我偶尔去她那儿住，负责逗猫玩。晚上睡觉的时候听到两只猫在厕所里惨烈地嘶叫，我坐立不安，Y说她已经习惯了。我和Y花钱都大手大脚，有时两个人身上的钱只够买一碗炸酱面，一人一口轮流吃。有时出去阳台收衣服，一眨眼工夫就有一只猫或两只猫一起不见了。于是我们不得不一户一户地去敲上下左右的门，问他们有没有看到我们的猫。Y很奇怪，平时对两只猫凶巴巴的，也不喜欢逗它们玩，一旦发现不见，她就濒临崩溃。

后来Y去了东莞，没办法带两只猫走，她拜托我先养着。我打电话问我爸，他愉快地同意了。

但我还是把事情搞砸了。

我坐在公交车亭的长椅上，打电话给Y，告诉她我很抱歉，猫半路丢了。她歇斯底里地叫起来："姚康彩你怎么每次都是这样子！你知不知道你这样有多令人讨厌。"我沉默了半秒，冷冰冰地对她说："好，那以后别联系了。"

为了两只猫，我和Y绝交了。

我不知道的是，在那段时间，她不仅失去了两只猫，失去了一个好朋友，还在另一个陌生的城市经历着生理和心理上的水土不服，更糟糕的是，在残酷工作和琐碎生活的消磨中，她还失去了她唯一的爱情。

几个月后，我主动发了一条短信给她，她回了我电话，告诉我她怎样身无分文地回到深圳，跟朋友借了钱买几套漂亮衣服，找工作，重新开始。她还说，等你下次来深圳，我带你去布吉吃虾饺。她跟我聊到手机没钱，还用最后的余额给我打了一条短信：跟你绝交，堪比失恋。

深圳渐渐变成她的主场，她努力工作，开始越走越顺，不再轻易依赖别人。她拿越来越高的工资，买自己喜欢的一切。只是偶尔会有些伤感，跟我说，你喜欢包包，随身带着笔和本子，但我感觉我的包以后是用来装化妆品的了。

我十八岁生日那天，她送我了一支香奈儿的口红。

我不崇拜名牌，但非常喜欢这支口红，它提醒着我，喜欢的东西一定要努力争取，就像小时候趁大人不在家踩在高架椅上去拿橱柜上的糖。

每一次去深圳，前几天我都会失眠，躺在床上盯着天花板，或者把Y拉出去轧马路。

很难说得清楚我对这座城市的感觉，我以为我讨厌它，但有时我又发现我真的很喜欢它，特别是当我哪怕是凌晨三点出门都能随便找到一间二十四小时便利店吃上一碗热辣辣的泡面时。

我一度以为自己是一个喜欢高山流水的人，但又发现我同时迷恋着假面舞会。

后来我看到了张爱玲在《公寓生活记趣》里的一段话：

> 公寓是最合理想的逃世的地方。厌倦了大都会的人们往往记挂着和平幽静的乡村，心心念念盼望着有一天能够告老归田，养蜂种菜，享点儿清福。殊不知在乡下多买半斤腊肉便要引起许多闲言闲语，而在公寓房子的最上层你就是站在窗前换衣服也不妨事！

纤　尘

南木槿

再次想起纤尘是因为我们的一张高中毕业照,这种只要一毕业就被遗忘在抽屉角落里的东西却有一天突然出现在朋友圈里,让大家感慨万分。我顺着一排排稚嫩的面孔扫过去,目光落在了纤尘的身上。

彼时的她穿着一件土黄色的polo衫,嘴角的笑意僵持着,那天明明是阴天她却眯着眼,在气势宏伟的背景下,神采奕奕的人群里,纤尘以这样一个毫不显眼的姿态被定格,就像她还来不及绽放就结束了的高中生活。

纤尘除了名字和窈窕淑女沾边外,再没有什么可以与这个名字相配了。因为身材臃肿,加上盆骨较宽,外八的走路方式导致她常常成为各宿舍茶余饭后的笑料,当我看着一个身材姣好的室友模仿她走路的样子引得宿舍笑倒一片时,我第一次为自己良好的长相感到庆幸。

人之所以可以悠然自得地做一个看客，是因为八卦离我们尚远。所以当高三分班我发现自己跟纤尘同班时马上就不淡定了。我怀着近距离观察小丑的心理坐在了她的后桌，我之所以没跟她同桌是因为她实在太土了。那时候，大家都是按长相、按穿着、按成绩划分阵营的。

于是我知道了纤尘来自附近最贫困的乡镇，梦想是考进华师大，因为她父母认为教师就是铁饭碗。她穿着邋遢，衣服不是土黄色就是墨绿色，每件衣服都洗得起毛球，文具永远不够用，自制的牛仔书包洗得发白脱线还一直在用。为了省钱每天的饭菜只买米饭和青菜，被同学问起为什么不吃肉时，她总是假装淡定地回应："我要减肥啊。"虽然大家都知道那是她的借口，但是每每看到还是要问，用心里升腾出的鄙夷滋养自己的优越感。结果纤尘当然没有瘦下去，却因为缺乏营养，皮肤粗糙黯淡无光，头发像干草一样又枯又黄。虽然彼时的我对纤尘感到同情，却还是不愿意与她有过多的交集，当大家都忙着出类拔萃，忙着关心眼中的他或她时，纤尘就像一粒尘埃游离在人群外，不声不响，微不足道。

说起纤尘，大家首先想到的大概就是贫困，其次就是勤奋。纤尘的人生信条就是知识改变命运，她坚信勤能补拙。于是当我踩着早自习的钟点慢悠悠地踱向教室时，总会看见教室背后走廊上她的身影，一张椅子，一摞书，低头学习，心无旁骛。当大家都为她的坚持而讶异时，她一次又一次毫无杀伤力的成绩却让班里有名的差生都对她不屑一顾。"我考得差是因为我压根就没复习,有的人那么勤奋还不是考不好。"纤尘对这些挖苦的话像是有了免疫力,依然寒冬酷暑坚持不懈,期望上天眷顾,出现奇迹。

我不知道纤尘做出的努力是常人的几倍,也不知道她在每次公布成绩时的失望有多大,虎头与鼠尾各有各的活法,最痛苦的就是像纤尘这样不上不下在中间挣扎的人,她以为再踮起脚尖就可以够得着什么,结果还是什么都抓不到。彼时的我尚不知道给失败者以宽容,我和所有手持运气,轻松考取不错成绩的大众一样觉得纤尘可怜,死脑筋,甚至活该。

我以为在纤尘的眼中,除了学习再没有其他,或许说,我们都潜意识里觉得她没资格拥有爱情。直到我在一次偶然里看到她课本里夹着的一张被揉得皱巴巴的草稿纸,还时不时见到她偷偷地拿出来用手抚平再小心翼翼地放回去,我才知道我的想法有多肤浅。纤尘也是女生,就算她再渺小,也有喜欢一个人的权利,就算那人于她来说遥不可及。当大家都众心捧月般地围绕着帅气又优秀的班长问问题时,我常常看到纤尘抱着练习题站在外围,目光如炬地看着他为其他的女生耐心地解答,等着她们散去,自己的难题可以轻轻摊在他的面前,说一句,这道题帮我解下可以吗?带着期待又落寞。但是往往这时候上课钟就敲响了。我们都知道班长其实无心帮她解题,她却不知道美女永远有优先权。那是第一次，我对纤尘感到心疼。

那年冬天，织围巾的风气在女生间悄然流行，每个女生几乎人手一条，我因为有一个曾在纺织厂工作的妈妈，所以会很多种花样，一下人气蹿升，好多女生让我教她们怎么织。当纤尘转过头来用几不可闻的声音问我午休有没有空时，我吓了一跳，才发现这么久以来我们几乎没有讲过话。我支支吾吾地说："有啊，怎么了。"她以为我很勉强，尴尬地笑道："啊，没事。"便转过头去。纤尘的自知之明其实远比我们看到的强烈，她从不与人相争，也从不奢求，最害怕的就是给人添麻烦。

当她拿着乱糟糟的毛线出现在我的寝室门口时，我看到她就快哭出来了。我让她坐在我的床上，她看着我漂亮的床拘谨地说："我站着就好。"我突然就觉得很心酸，拿出毛线织了一圈给她看，然后递给她让她学着织织看，但她没有立刻接下我手中的毛线，而是跑到厕所洗了个手，然后说，刚才手心出汗了，别弄脏你的毛线。我愣了许久，几近落泪。她走后，寝室又开始对她评头论足，而我没有再搭话。我突然觉得我们那么像，虽然我不像她那么拮据，但仍然会为了一身漂亮的衣服偷偷省钱很久，在人前故意装阔气，假装优越地瞧不起别人。我是如此自卑，和纤尘一样，在很多人面前感觉不到存在感，手足无措。我突然明白，我会如此关注纤尘，不是因为我需要一个比自己更惨的人来告诉自己我不必自卑，而是那份惺惺相惜之感。

　　如果时光倒流，我希望自己可以勇敢地走到纤尘身边，说一句，嘿，要一起去逛街吗？或者，我们一起去吃饭吧。或许我不能将碗里的肉分给她，但至少我不会再问，你为什么都不吃肉啊？

　　纤尘最后当然没有考上华师大，但是考上了另一所师范大学，她的坚持与善良终究还是得到了上天的眷顾，听说她现在过得很快乐。她微如尘埃，却在自己的小小星球里开花、绽放。

南方姑娘

任 兰

我遇见了一个南方姑娘,在小城街尾的早餐店。她扎着长长的马尾,穿淡绿色的印花麻布衣,军绿色的书包挂在椅子的靠背上。

这座城市春天来临的时候已经有三十多度的高温了。清晨还算凉快,空气清爽温润。老旧的店面打理得干净朴素,从半掩半开的门里飘出浓郁的海螺粉汤的味道。我饥肠辘辘,推开厚重的木门。小店里客人络绎不绝,分外热闹。

我走到一株盆景罩住的角落里,那里安静隐蔽。身边群魔乱舞,我拨开盆景的大叶子,看到一个长发姑娘安静地坐在那里。她紧锁眉头,左手拿着汤勺,右手拿着一本小册子。显然,她在一边吃早餐,一边看书。

我搬开椅子的声响吵到了她。她抬起头来,看到我,笑了笑。左脸颊露出一个明媚的酒窝，眉眼弯弯。

我从淮河北而来，一路来到这个南方的海岛。三月初的气候热得有些不习惯，猫狗在街上行走，人们慵懒地生活。

南方姑娘和电影里的南方姑娘一样，又不一样。她安静的时候像一株山野里的雏菊，说话的声音糯糯的，像棉花糖含在嘴里融化开的感觉。她激动的时候会拍桌大笑，爆几句粗话，颇有几分北方人的直爽。

她给我讲起了他的故事。

他头发又长了，这次终于没理成鲁迅了。

他弹吉他的样子超帅。

嘿嘿，你不知道，他的声音超爷们儿。

她说话的时候眼睛在发光，一闪一闪的。

你很喜欢他吗？我喝了一口美味的汤。

她颇为自豪地说，我五年前就喜欢他了。

五年前，2010年。一千八百多个日日夜夜，是挺久的。

她好像很了解他，说起他的生活习惯家庭成员喜欢的不喜欢的滔滔不绝。他超信仰佛教的，手上脖子上挂满了佛珠。你看，我手上的珠子和他是同款巴拉巴拉……他超爱吃辣的，四川人都能吃辣的，我也喜欢巴拉巴拉……他昨天刚刚回北京了，他坐的飞机超爱晚点，有一次啊巴拉巴拉……

南方姑娘超爱说"超"字。她说起他来像是说起朝夕相处的老友，但是现实中，她却从未见过他。

那你又是怎么喜欢上他的呢？

不知道啊！那天天气刚好，心情刚好，我刚好打开湖南卫视，刚好看到天天向上。刚好他穿了件白衬衫，唱了一首《蝴蝶花》。

我追的不是明星，是信仰。姑娘仰起头，认真地说。

姑娘的他今年十九岁，背影清瘦，长相清秀。她看着他从穿T恤衬衫到藏袍西装，从一米五三长到一米七四，从一个民谣小清新到摇滚青年。

他今年要在北京办专场呢。姑娘低下头，说完就沉默了。

你……不去吗？我似乎猜到了答案。

她摇摇头，说："不去，我得高考今年，而且没钱。"

高考只是个幌子，我知道只要有机会，姑娘一定会不顾一切去听他的演唱会的。

毕业了就有机会赚钱了。我不知道怎么安慰她，挤出了这句。

对啊，我也是这么想的。姑娘瞬间变得兴奋起来，语气轻快了好多。眼睛一闪一闪的，放着光彩。

我已经攒了一些钱了，毕业再找一份暑假工，攒够钱，买个相机，漂洋过海去北京。姑娘哼起张学友的一首歌,歌词简单而动人,"她来听我的演唱会……"

我突然嫉妒起眼前这个姑娘,她的眼里尽是美好,歌声里充满了希望。即使因为熬夜而脸上缀上小雀斑,眼圈沉重,脸色暗淡,也无法掩盖身上绽放的光芒。我嫉妒她的追求,她的执着,嫉妒她在兵荒马乱的高三里还能有这份坚持。

清晨的阳光穿过云层,穿过树枝,穿进窗口,照亮了小店。三月的空气中初有微熏的清新味道。我享受着这难得的一刻,听着南方姑娘絮絮叨叨。

小店墙上的钟摆当当响起,打断了谈话。南方姑娘一个激灵跳起来,一拍桌:"哎呀,忘时间了!完了完了要迟到了。"她匆匆提起书包,道了声再见,便飞快地跑了出去。

桌子上还残留着未吃完的早餐和落下的那本小册子,她的背影已经迅速消失。就像她和她带来的故事,来得匆匆,去得也匆匆。我拿起桌上的小册子,是一本政治时事热点,翻开首页,上面贴着一个歌手弹着吉他唱歌的照片。照片上的少年歌手,眉眼清秀。照片下面是一行清秀的楷体:我披荆斩棘跨越千山万水只为心中那场演唱会。

我把本子放回原处,走出了小店。街上车水马龙,对面商店雪白的墙壁反射出耀眼的光芒。南方姑娘的身影早已消失在喧闹的人群里,我知道她一定会再回来的,正如她一定会披荆斩棘跨越千山万水去听刘俊麟的演唱会。

时光太瘦，指缝太宽，那年太匆匆

想入非非

原来现在的我们只剩下曾经，而不是永远。微博上的高三党此时此刻正在倒数着高考的时日，就像半年前的我们一样，掰着指头数着，那上面寄托着我们对大学美好生活的向往，以及想早日摆脱繁重学业的迫切心情。

那时候的我们，每天的生活都是千篇一律，却又那么充实。每天清晨迎着第一缕阳光背着英语单词，埋头做着语文文言文翻译题，与同桌讨论复杂的数学题，拿着地图仔细记住四大洋，五大洲，七大板块，整理老师上课写下的满满一黑板的笔记。

那时候的我们，桌子上、墙壁上、床头边都贴满了励志的名言，每当累了就抬头看着它们，仿佛充满了动力，又重新投入到题海中战斗。那时候的我们，觉得未来就在我们的眼前，只要我们努力努力再努力，就会抓到未来的尾巴。现在我们怀念那时候的美好，就是觉得只要我们努力，未来就可以被我们改写一样。

那时候的我们，虽然一个人独自静静地看着书，但其实并不孤单。你的身边都是你的同学朋友，他们陪着你一起，默默地为着自己的未来奋斗。在这一场追梦的路上你并不寂寥，因为有他们陪着你一路含着泪奔跑着。现在的我们怀念那时候的美好，就是因为在繁重学习中，孤独寂寞中，伤心难过中，有人陪着你一起复习，有人陪着你一起聊天，有人陪着你一起哭泣。我们毫不顾忌，一起畅谈未来，一起谈天说地，一起娱乐八卦。校园给了我们一个很好的机会，让我们聚在一起。有些人一旦告别分开，真的就一辈子不会再相见。

那时候的我们，最快乐的一刻便是三三两两地去食堂吃饭，叫上好友一同去上厕所，和同桌在上课的时候一起吐槽老师的口音，和舍友在凌乱的宿舍中谈夜话。现在的我们怀念那时候的美好，是因为那时候我们没有物质上的快乐，有的只有最纯粹的友谊。

那时候的我们，生活虽看似平静，但偶尔也会有小小的涟漪。那便是偷偷看到自己喜欢的人。那时候的你，会假装不经意地走过他的教室，只为了看他埋头读书的样子；会放学跑去篮球场站在角落处，只为了偷偷看他打篮球投篮的样子；会怀揣着剧烈跳动的心脏，与他擦肩而过时，偷偷瞟了他嘴角扬起来的微笑。现在我们怀念那时候的美好,就是觉得爱情就像一朵栀子花,纯洁而淡香,默默地盛开着,美好了整个青春。而他给予我最大的动力,光看到他就会很满足,因为他给了我生活中一束最灿烂的阳光。

那时候的我们,每天过着三点一线的生活,每天的一分一秒都消耗在试卷当中。但每天最开心的事情,就是自己破解出最难的数学题,顿时自信满满;中午在饭堂吃到自己最喜欢的菜;回答出老师课堂上提出的问题;与同学聊到志同道合的话题;夜修回去的时候与同桌在校道上大声地唱歌……现在的我们怀念那时候的美好,就是觉得那时候的快乐来得那么容易那么简单。

那时候的我们,每天都穿着那一副难看的校服。脏了就洗了再穿,破了就缝了再穿。每天起床不用考虑该穿什么类型的衣服,该搭配什么样的裤子,直接穿上校服就背上书包上课去。我们抱怨校服的难看,有时候还变着法子穿上自己新买的衣服。现在的我们怀念那时候的美好,是因为那一件件我们认为很难看的校服,原来记载了我们最原始的校园记忆。它就是我们那一年记录的信物,看到它,仿佛就想起我们一同在操场上跑八百米,一同做着广播体操,一同背着书包走在校道上,一同背靠背背着英语单词。

一张毕业照,留住每一个人的脸,留住那一刻的美好,留住那一年我们的青春。当我们真的踏上大学的旅途时,真的抓到那时候我们以为很遥远很遥远的未来的尾巴时,当我们真的脱下校服时,回首才发现,只怪当年太匆匆。

熟悉的绿荫小路,熟悉的操场,熟悉的花树,熟悉的会堂,熟悉的食堂长椅,熟悉的教室课桌,只是少了熟悉的人。你可以在每一处地方找到当年你我的影子,可以在每一个角落找到当年你我的影子。高中时代没有什么特别的事情让我刻骨铭心,但我却怀念那时候的每一件小事。

"谁甘心就这样,彼此无挂也无牵。"

多想自己是做了一个很长很长的梦,同桌用笔把我给敲醒,靠近我压低声音说:"快醒啊你!居然上课睡觉!"当我抬起头的时候,面前依旧是熟悉的教室,依旧是熟悉的他们,依旧是熟悉的老师在讲台讲课。

看似很普通很平常的一个画面,却是日后你我最怀念的一刻。

只怪时光太瘦,指缝太宽,那年太匆匆。

"学渣"程安安逆袭记

九 九

数学老师面无表情地把一沓纯白的答题卡交给课代表时,程安安脑子一片空白。她觉得自己今天真的应该请假,可请假了卷子就会被永远考班级前三的学霸同桌张宇哲看到呀,怎么能让他看到自己这么不忍直视的分数。那应该怎么办?假装去装水然后把水泼到那沓卷子上?可是干了还是看得出来啊,那就泼牛奶?自己哪儿来的牛奶?

就在程安安做心理挣扎的时候,课代表已经把卷子放在了她桌上,程安安直接翻到反面,然后胡乱地塞进桌子里。

张宇哲奇怪地看着她:"你在干吗?"

程安安一愣,张宇哲竟然主动和她讲话了!要知道,自从程安安考试之前和张宇哲表白之后,张宇哲对她简直是惜字如金,所有问题都用语气词回答,更别提主动说话了！可是这次程安安真的很难回答，要怎么让他这种学霸理解自己的小心思："我待会能不能和你换卷子？我会认真帮你做好笔记的！"

张宇哲盯着她看了五秒，然后迅速从她桌中抽出刚才那张数学卷子，程安安想拦他，但奈何手不够快。

六十五赫然屹立于分数栏："这么简单的卷子你也能考成这样，真是奇女子。"

程安安无奈："我数学本来就差嘛，每次问你题目你都不理我。"偷偷瞄了一眼张宇哲的卷子，比自己的两倍分数还多。

张宇哲只是冷哼一声，程安安每次问他题目都盯着他的脸，从没听进一道题，现在考得差反倒怪到自己头上了？

虽这么想，张宇哲却在老师讲解卷子的时候，把自己的卷子和她的卷子换了一个位置，开始订正程安安的错题，把所有错题的步骤都写在了空白处。程安安坐在他旁边，连大气都不敢出一口，生怕他会转过头来看到自己的窘态。

事实上，张宇哲没转一下头，只是埋头订正了一节课。等到下课时，拍在程安安桌上的卷子已是密密麻麻的字，丝毫没有一点儿缝隙了。张宇哲补充："最后一道大题我没写，没位置了。而且，看你倒数第二道题都会错，想必也没必要搞懂最后一题了。"顿了顿，"好好看解题步骤。"

　　张宇哲说完就被同学叫去食堂买零食了,程安安看着张宇哲头也不回的背影,努力思索张宇哲这到底是什么意思。

　　晚上回到家,程安安如履薄冰地吃饭,生怕爸妈提"期中考试"这个话茬。好在爸妈都很平常地吃完了饭,程安安就飞奔进房间装作看书的样子了。

　　程安安拿出被自己小心翼翼夹在作业本中的数学卷子,第一次认真研读了起来,看着张宇哲不算好看但秀气的字整齐地落在纸上,第一次觉得三角函数的公式也没那么讨人厌了。

　　程安安掏出演算纸,认认真真地把张宇哲的步骤重新演算了一遍。竟然发现自己也算有点儿头绪了。等到整张卷子都算完的时候,已经过了两个小时了。虽然不是自己算出来的,程安安看着用完的演算纸依旧觉得成就感十足。

　　第二天,程安安把演算纸摆在张宇哲面前:"你看你看,我昨天按照你的步骤重新写了一遍卷子!"

　　张宇哲依旧是冷哼一声:"真难为你这么用心都考得比所有人都差。"

　　程安安撇撇嘴,依旧锲而不舍地搭话:"我要好好学习了好嘛,你有没有什么资料书推荐给我?"

　　"你先把你看言情小说的时间用来写课本的习题

吧。"张宇哲口气不太友好。

程安安却无比郑重地点了头。接下来的一整节自习课，程安安都认真地埋头演算课本习题。连前桌转身拿东西的时候，看到程安安在写数学题的时候，都吓得忘了要拿什么书了。

快下课的时候，张宇哲瞥了眼程安安艰难地一边写题目一边翻公式，忍不住泼凉水："你就不能先背公式再写题目？背不出就写在便利贴上然后贴桌上。"

程安安先是一愣，然后问张宇哲："你干吗这么关心我的学习？"

张宇哲并没有程安安预想中的尴尬，而是坦然地说："我只是不喜欢和学渣坐同桌，优越感来得太轻易了。"

于是程安安郑重地拍拍他的肩："放心吧，一定不让党和国家失望。"

说完就抽出便利贴，开始认真地抄着公式。三角恒等变换公式就这样在黄色的便利贴上跳跃。

不知道是因为小说必备剧情还是因为程安安成绩实在太差很容易提高，程安安的成绩真的在二十天之后的月考有了进步。进步了十二名，连老师都特意提出了表扬。

程安安笑着对张宇哲说："你看吧，我就说我不会让你失望的。"

张宇哲一言不发，只是居高临下地瞥了她一眼。程安安只是咯咯笑。

　　从这一刻开始,她突然觉得学习是件很令人热血沸腾的事,虽然她不知道那只是荷尔蒙分泌上升。但她是真的有了动力。

　　第二天就提早了半个小时来学校背英语单词,却发现张宇哲也来得异常的早,两人看到对方都是目瞪口呆。于是一幅诡异的场景就形成了:程安安小声地读着英语单词,而张宇哲则翻看着刚买的杂志,不时纠正一下程安安的读音。

　　一般,这种不务正业的事都是由程安安负责的。

　　过了几天,程安安发现张宇哲每天都会来这么早看些科普类的杂志,两人谁也没对谁约定什么,但每天早晨都默契地出现在课桌旁,一个背单词,一个看杂志。

　　程安安更是立志霸占张宇哲的所有下课时间,老师前脚走,后脚就把前一天晚上没想出来的错题摆在张宇哲面前,张宇哲也反常地给她讲解。刚开始还有张宇哲的好朋友来找他去食堂,在张宇哲一次次地拒绝他们之后,那些男生只要看到张宇哲在讲题就不会来问了。

　　大家都开始惊讶于程安安的转性,有时也揶揄两人几句,但张宇哲没有任何回应。

　　又一次,听完张宇哲的函数讲解后,程安安趴在桌上,歪着脑袋问张宇哲:"你以前不是不给我讲题的吗?怎么现在愿意给我讲题了?"

"以前你是真的要问我题目?"张宇哲睥睨她。

程安安干笑两声,却依旧用"我懂的"的眼神望着张宇哲。张宇哲无语地站起身,跟上食堂大部队的脚步。

程安安看着他脚步加快的背影,一动不动。

期末考试来临,程安安提早来到考场,边吃早点边拿着笔记本紧张地翻看。

一双长腿突然出现在眼前,是张宇哲:"好好考,别给我丢人。"

"知道了!不会辜负你给我讲这么多题的!你也要好好考啊,加油!"程安安咬着豆浆的吸管说。

张宇哲动了动腿,准备离开,但还是回头用略清冷的声音对程安安说了句,加油。

期末考放榜的时候,程安安挤在人群中查看排名表。

班级十九,年级两百五十七。

程安安激动地跑回座位拉着张宇哲的手说:"我考到前三十了,可以留在班上了,我们未来两年还是同桌!"

张宇哲拿开她的手,继续埋头看书,但嘴角的笑意却是怎么都掩不住。

真好,我们还能继续做同桌。

策马奔腾飘柔姐

南 顾

心存侥幸者，赌徒是也。

沧中奇人者，飘柔姐是也。

当初考沧中时便听闻了沧中十大变态校规，其中一条就是女生不准留长发，且短发要剪到齐耳处。

纵使这条校规被广大爱美女生恨得牙痒痒，可沧中毕竟是区重点中学，每年都有大批学生挤破脑袋想要进来。

于是众多美少女们被掩盖在惨不忍睹的发型之下。

开学第一天，我一眼看见留着一头柔顺乌黑长发的飘柔姐显眼地驻扎在各种乱七八糟的蘑菇头当中，第一反应是：我被坑了！说好的不准留长发呢！

正义感爆棚的我气势昂然地走到她面前，义正词严地说："同学，请你晚修下课后到教务主任处修剪头发。"

"啊？"趴在课桌上睡觉的飘柔姐撑起惺忪的睡眼，

几缕调皮的碎发轻轻挠着她的眼角，衬得她眉目愈发精致，旁边的男生已经看得眼珠子瞪出来了！

"不好意思，同学。"飘柔姐理了理遮住眉毛的刘海儿，微微一笑，"我是艺考生。"

咔嚓！

被雷得外焦内嫩的我，意识混沌前脑海里悠悠飘过黑色加粗加大的字体：所有在校就读女学生不得留过肩长发，短发不能超过耳朵的长度。艺考生除外。

飘柔姐原名陈婉，常年游迹于学校艺术楼。因其及腰长发，故人送外号"飘柔姐"。

自开学的乌龙事件后，我和飘柔姐莫名地亲近起来，每天形影不离。

每次和飘柔姐行走在校园中，都会引发男生的频频回头，而当事人浑然不知。

当然，我总是能感觉到教导主任虎视眈眈地在背后盯着飘柔姐的头发的目光，仿佛下一秒就会掏出一把闪着寒光的大剪刀。

这种想法让我不自禁地打了个寒战。

飘柔姐学习不好，上课时间大多数在睡觉或者看小说，一放学就急急忙忙地奔去艺术楼。傍晚就和辅导老师一起去校外撮一顿小馄饨或是冷面，晚自修就回来继续练专业。第二天早上回到教室经常桌洞里会多出一两封情书，虽然她从来都不看。

对于沉沦在学业苦海中拼命挣扎的我来说，飘柔姐的校园生活过得那是一个多姿多彩。

但有些真相也许并不像我们看起来的那样。

我拿着扣分登记表去找教导主任，刚准备敲门里面就响起了教导主任的怒斥声："好好的女孩子在校读书留什么长发，全校就你一人特殊很得意是不是？"

"校规也说了艺考生可以留长发。"飘柔姐的声音不大，断断续续地伴着寒风送入耳边。

"这长发洗的时候也不方便，平时上课也会影响其他同学。我问过你的辅导老师了，她说长发在跳舞的时候也会有阻碍，最好还是剪掉。这样吧，你这周回去让家长带你去剪短一点儿好不好？"

"不。"

"那这样我也没办法了，学校的要求是，你退宿。"

接着便是长久的沉默，我无法感知里面人的表情，心情因为接下来的话语而紧张起来。

"我知道了。"飘柔姐清清淡淡的嗓音在静寂中显得尤其沉重。

"现在的辅导老师学校认为不太好，会给你安排另外的辅导老师，你不用担心接下来的中考的……"

"没必要。我家里已经找好了老师，退宿正好方便了我主攻专业。"

"最好。出去吧。"

听到脚步声,我连忙躲到旁边的楼梯间,一下子没了心情交登记表。

飘柔姐的退宿申请很快被批准下来,她回宿舍收拾东西那天全宿舍的人都哭了,舍长抱着她的棉被在地上打滚,死活不肯松手。

她哭笑不得,蹲下身轻声哄着宿舍长。

我难以言喻那种滋味,只觉得如果被退宿的人是我,我一定难堪、委屈、痛苦、不满,如何还能这样心平气和地安慰别人。

其实飘柔姐心里一样的难堪、委屈、痛苦、不满,她只是选择坦然地面对。

她终于不用听着那些枯燥的天书,可以一心跳着自己喜欢的舞蹈,辅修钢琴,在她喜欢的生活里努力地奋斗着。

也许我们都该庆幸。

飘柔姐的艺考比普通生的中考要早得多,在我们还在起早摸黑的背诵知识点时,她已经进行了评比,只等着稍后几个月的文化课考试。

这意味着,她是这场毕业分离中,最早离开的人。

等录取通知书一到手,她就要飞往武汉,开启她人生的新篇章。

她的长发终究没有被剪掉,在我们的记忆中,她永远长发飘飘。

就算命运驱使着我们走向不同的道路,就算毕业生生拆散曾经同窗的我们,我们永远活在十五六岁的那个夏天。

哪怕有风吹过，我还会在你身旁

桐　熙

1

又是一节与睡神誓死作战的数学课。

正当我要缴枪投降时方小喻忽然递过来一张纸条拯救了我。我看了看讲台上唾沫横飞的老高，顿时睡意全无，欣喜地在课桌下展开了那张纸条。上面歪歪扭扭地写着五个字：我谈恋爱了。

零点零一秒的惊讶后我扭过头张大嘴巴看着她，她似乎对我这个表情很满意，微笑着点了点头。

谁啊？

我潦草地在纸上写下这两个字，又觉得不足以表达我此刻的讶异，便又添了几个重重的感叹号。

她隔着窗户指了指篮球场上的一个人影。可她实在低估了篮球场与教学楼之间的距离，又高估了我的视力，任凭我如何努力也看不清那个人的样子。

"根本看不清嘛！"我抱怨着转过头，才发现整个教室一片寂静，刚才还在讲题的老高正用着他的眯缝眼看着我。从同学们一致的看热闹表情我忽然明白了两个中等生在班主任的课上趴着窗台看别人上体育课的严重性。小喻显然也刚回过神来，埋着头不知所措。

一阵鸦雀无声之后老高终于张嘴说话："江桐，你来说说P点的坐标是多少。"

我看着黑板上那一堆的辅助线，顿时感受到了来自老高的恶意。

十秒的安静后老高又一次开口了："到后面站一节课。"

拿起笔和作业之后我起身离开座位，却感觉到了一丝振动。一看，是方小喻那厮瞬间变为看热闹的姿态，笑得喘不过气。

为什么受伤的总是我！

2

高二年级篮球赛的时候，方小喻拽上我去给简世然加油。简世然，便是她口中的他。那个充斥着汗味的午后，我终于得以清楚地看见他的样子。

高，帅，篮球打得很好。这是我对他的第一印象。看着周围的一大拨女生，我忽然觉得他应该是很多女生喜欢的款。

"他笑起来特好看。"小喻补充道，"带着两个可爱的梨窝。"

比赛结束后她跑过去递上了一瓶水，留下身后不知是去是留的我。

"去喝奶茶吧，庆祝晋级决赛！"小喻走了过来，笑得很是灿烂，对我说着："一起呗！"

我想了想，点了头。

简世然似乎对我这个电灯泡毫不介意，自顾自地和方小喻聊着谁谁谁的传球，或是谁谁谁犯规了几次。

她懂？才怪！

"借一下你女朋友。"我把方小喻拉到了一边，轻声对她说："长得帅的男生都不靠谱。"

她笑着，却不说话。倒是走在前面的简世然转过头来痞痞地回了一句："你说我呀？谢谢。"

我顿时不知怎样回答，挤出了一个笑容。

待到他知道自讨没趣地回过头后我又对方小喻说："话说你们什么时候在一起的啊，挺会隐藏啊，我之前一点儿都不知道。"

她以为我在开玩笑，笑着回了一句："那是，姐可是方小喻。"

但我不是在开玩笑,我不明白为什么她会忽然冒出来个男朋友,把她最好的朋友蒙在鼓里。生气?或是吃醋?也许都有吧。看着她那么灿烂的笑颜,我不知怎的放开了她的手,掉头回家。

意料之中的她没有追上来。

这是初秋的下午,今天的阳光正好。

可是我为什么觉得好冷。

3

周一返校后我发现自己的桌子已经规规矩矩地待在新的位置了,接着我和座位上的方小喻相视一笑。我知道还是她和以前一样早早地替我搬好了课桌,只是,我们都知道再也不一样了。

我再也不会在放学后耐心等她收拾书包,就像她再也不会让我陪她去厕所了。偶尔想到了一个笑话,兴冲冲地想讲给她听,转过头才发现她拿着手机聊得正嗨。

不用看,我都知道是和简世然。

于是悻悻回过头继续做着化学习题。

还有现在,我终于鼓起勇气对她说:"欸,小喻,我家楼下新开了一家蛋糕店,生意挺好的,我们周六去试试味道?"

得到的却是一张满是歉意的脸,"对不起啊桐桐,我和世然约好了周六去看电影。要不,周日吧?"

"算了,周日我和夏楠约好了。"

"好吧,那只有下次了。"

我们都笑了笑,然后结束了这个话题。其实我并没有和夏楠约好,只是那一瞬间我忽然觉得,如果我装作也有人约的样子,她会不会有一点儿危机感。

很好笑吧?更可笑的是我每天都在等着来自方小喻的聊天,等着她又忽然告诉我他们分手了,然后重牵起我的手。

在那之前,我不会打扰她,她亦不会记起我吧。

我记得小喻问过我:"为什么我和别人玩得很近你吃醋得要死也不愿意去拉我回来呢?"当时的我特霸气地搂住她,说:"因为我知道是我的,不用抢也会回来。"

可是我怎会说出自卑的后半句:"不是我的,抢也抢不回来。"

4

圣诞节前夕,校园里凭空多出了好多情侣,我正悲伤这个圣诞节只能与作业为伴了,方小喻又一次传来了纸条。我一惊,又连忙欣喜地打开看。她说:"这个周六来我家吧。"

周六，正是平安夜。

惊讶的我并没有写字，只是看着她，问道："你不和他一起？"

她靠在了我身上，说："我们分手了。"

分手了？听到这句话，涌上喉咙的"这是你初恋吧怎么这么快就分了！"还是被压了下去，取而代之的是："别周六啊，今天放学了去逛街吧。"

是的，我曾急切地盼望他们分手，可真当这一天如我所愿早早地到来时，我却有些矫情地感到失落。我为她感到不值，初恋本应十分美好才对。他们在一起才几个月，好歹，要一起过一次节日。

"你怎么回事啊？"精品店里挑发卡时我终于忍不住问了她，却没有得到回答。她只是取下了两个蝴蝶发卡，问我："好看吗？""还行。"

于是小喻付了钱，自己戴上了一个，另一个戴在我头上，她凑在我耳边说："其实也没怎么，看到他和其他女生一起，就说了分手，然后拉黑，完事。"

我看着她，却不知说什么。

"其实早分手也好，幸好没牵过手什么的，要不以后后悔死了。"

"那是。"我牵过她的手，"方小喻的手，只有江桐才能牵。"

"别自恋了。"她白了我一眼，手却握得更紧了。

"怎么办？我想哭。"

我看着她，深情款款地唱了一句："男人哭吧哭吧哭吧不是罪！"

背上挨了一拳是意料之中的。

哭吧，亲爱的小喻。因为有人说过，爱情让人流泪，而友情，会为你擦掉这些眼泪。

哪怕有风吹过，我还会在你身旁。

嗯，哪怕是龙卷风。

5

"其实我告诉你我们在一起那天是第一天，那之前他追我我都没有答应所以没有告诉你。你不要生气咯。"

我笑，却还是佯装生气地说："我不只生这个气啊，你有了男朋友了就不要好朋友了！"

"哪有！是你一副请勿打扰的样子啊！"见我并没有罢休，她又一脸讨好地说："要不，请你吃火锅？"

"好啊好啊！"

谁的青春不耐凉

谁的青春不耐凉

李殿殿

1

又一次和周小安在垃圾场狭路相逢,她把发前的刘海儿挽到耳后,拿着一根红色的小手电在翻找垃圾,垃圾场旁的路灯昏黄,照在她的背上,在身后拉出一条影子。我鬼使神差地打开手机手电筒,照着她身前的垃圾,她几乎是顿了下,然后回过头看着我。四目相接,我看到她鼻子上细密的汗珠,而她那双眼睛在静寂的夜里显得黑亮。

那天晚上,我默默地站在她身后看着她一次一次地拿着小棍子翻找垃圾,直到我手机因电量不足自动关机后,她回过头怯生生地说:"你回去吧。"

路灯上的几只飞蛾,她娇小的身躯,以及那手电筒逐渐微弱的光,让我第一次失眠。

　　雷子是我舍友,习惯下课后在有周小安的走廊里待着,而周小安拿着水杯总是低着头看着帆布鞋快速走过他的身边。雷子天生少根筋,小安越是不理睬他,他就越挫越勇地展开攻势,比如在舍友快入睡时对着隔壁楼喊着周小安,当面把周小安拦下来,最后经常和周小安在一起吃饭的那个女生狠狠地把保温杯里的冷水泼向了雷子,雷子这才举着白旗说:"叶帅哥,那女的也太剽悍了。"

　　我对雷子说:"泼辣刁蛮适合你这种帅哥。"

　　雷子说:"我宁愿不是帅哥啊。"后来雷子遁入空门,硬是剃了个光头,发誓高中绝不谈恋爱,还一副"白帝城托孤"的样子,在教室里和我碰拳,让我多加照顾周小安。

　　我在操场经常看到小安一个人在慢跑,偶尔几次跑在她前头,她便加快步伐努力跑在我前头。我不知道该怎样和她搭话,所幸的是她喜欢跑步。能和她在同一片蓝天下跑步,慢慢地也不觉得体育训练有多苦多累。每当我坐在操场松软的草地上放松肌肉时,她像一只容易受惊的小麻雀在我眼前跑着,她的校服总是有点儿偏大,裤脚耷拉在她帆布鞋上,她习惯性挽刘海儿的手这么的细,仿佛一阵风就能把她整个人吹跑了。所以在周小安跟我说她要参加一千五百米比赛时,我几乎是不可置信地摸着后脑勺说:"就凭你这个身板?!"

秋季的风吹过草坪,她又低下头看着脚下的帆布鞋,待她抬起头时眼里有一转而逝的怯懦,她扯着校服的口袋,下了巨大的勇气说:"能陪我练吗?"又仿佛怕我不答应连忙说,"你有空就帮我看看,实在不行……"

"我准了。"

高空万里无云就像此时她黑亮的眼睛一样清澈。我望着她,顿时觉得视野开阔,心旷神怡。

2

"雷帅哥,你在哪里?"

"我在睡觉,有什么事,叶帅哥。"

"没事,我在超市陪周小安买牙膏。"

"……"电话那头的雷子直接掐掉电话,我回过头周小安正踮着脚尖,要拿货架上的牙膏。我怀疑周小安收集牙膏上瘾了,左一个冷酸灵,右一个舒适达,中间怀里抱了个黑人护齿,她眼睛眨呀眨,像一个邻居家小妹妹似的,仿佛在说:"这个货架上的牙膏,我承包了。"

"叶哥,这三盒牙膏都抗过敏,你要哪一个?"

"都可以,全买了。"

"叶哥威武。"

走出二十四小时便利店,寒风中我肉疼地拎着够我两天生活费的牙膏,看着周小安蹦蹦跳跳地我前面欢乐地哼着"我要吃饭,我要吃饭"。

我打了一通电话给雷子,还没开口,雷子在电话里大吼:"我没钱!"

"快点儿,不然我今天就丢脸了,周小安的胃就靠你养了。"

十分钟后,雷子衣衫不整地出现在川菜馆,望着满满一桌的辣菜,一声不吭边吃边吸着快要淌下的鼻涕。周小安倒是炯炯有神地看着雷子吃完一碗又一碗的白米饭配青椒,直到雷子快撑不住肚皮的时候,周小安来了句:"雷哥,我又叫了一大盘白饭给你。"雷子一听,顿时被辣椒呛得喘不过气来,只见他泪眼模糊抓了我的肩膀说:"千万不要逞强,接下去的饭和周小安都交给你了。"

回去后,雷子硬是挺着肚皮带着一班子人跟理科2班的人打起了群架,散场时,有人补了一脚给雷子,雷子一声不吭地走在校道上,碰到周小安时好不容易堆起来大无畏精神,我从后面用膝盖骨顶了雷子的侧腿说:"得了,我扶你去。"雷子一声吃痛,张牙舞爪地要揍我。

"你疼吗?"小安问。

"不疼。"雷子扯开嘴说。

"叶哥,他不听话。"小安一脸痛苦地说。

于是雷子瞬间哈巴狗附身大手大脚挂在我身上,还卖笑地说:"好痛痛,叶哥快扶我去。"看着雷子那一脸谄媚样,再看小安腼腆般的笑容,我忍住了不给雷子再补几脚的冲动。

　　周五晚和雷子在外面打了一晚上的游戏，目送着雷子下了公交。我坐在靠窗的位置，看着雷子扯着笑向我招手。车重新启动了，我看着他拐个弯走在深夜宽阔的马路上，雷子说他真的诚心诚意地想把周小安托付给我，我看着他一瘸一拐被路灯拉出一条影子，突然觉得他也是个孤独的人。

　　因为打群架，雷子隔天就被他爸打破了头进了医院，暂时休课。而小安知道了这件事后，时不时问我雷子怎样了。那时我在忙着校运会的事情，便含糊地答着没大事。小安已经没有以前那般腼腆，她瞪大眼睛气呼呼地说："你不关心雷子。"

　　我有点儿生气，还是耐着性子说："行行，我不关心他，谁关心他！""果然，你和雷子是最好的一对。"小安眼里满是笑意地说。

　　小安话都说到这种刺骨的份上，我再怎么粗神经也不至于意识不到周小安其实就是个城府极深的……腐女。于是我和雷子曾经的教室托妻仪式最终演变成了周小安的脑洞大开模式。

　　所以当我第一次被告知得去探望雷子时，其实我是拒绝的。我跟周小安说，我拒绝是因为我根本不是和雷子最好的那个人。但周小安在QQ语音上跟我说，感情是需要培养的，于是在她的魔音般的DUANG~DUANG~DUANG

加特技后，我绝望地站在病床前违和地给雷子削了个苹果而雷子一脸嫌弃地扣指甲。算了，周小安高兴就好。我转过头怨恨地看着周小安又向我递来一个苹果。

3

有个女孩儿脸白白净净的，笑起来很腼腆，常常能在体育课上打篮球莫名地跟她对上眼，后来分心被篮球砸了太多次，太影响我的形象。我几乎是上气不接下气地拿着篮球走出运动场。那天的天气很好，蓝天白云，她低头看着帆布鞋，我手指转着篮球。当篮球不受控制从手中滑出去，在地上砰砰地几声响后，她连忙转身跑了。

从宿舍卧谈会知道她叫周小安，就是雷子经常在熄灯后会对着隔壁那栋女生宿舍喊的那个周小安。

雷子以前耿耿于怀周小安不跟他打招呼，而周小安下楼倒垃圾时看到我们宿舍的人都会立马转身疾走，我曾经在垃圾场跟她招手，还没走近一步，她便以迅雷不及掩耳之势丢了垃圾袋，给我留个蘑菇头的背影。而现在的周小安在我面前拿着一瓶指甲油说："叶哥，我好喜欢这个颜色，你染了会更好看。"

"你染一次，我洗一次。"我一直怀疑周小安是个精神分裂严重的女孩儿，上一秒含蓄内敛，下一秒古灵精怪，有时真想把她的脑袋扒开，看看里面装些什么。当然这话我不敢说,不然她非得气得好几天不理我。

她的眼睛很大,小心翼翼地拿着小刷子在我指甲上涂抹均匀。午后总是让人容易嗜睡,指甲上冰凉的触感,我快舒服得趴下去时,周小安那温柔的话在耳边响起:"你和雷子,为什么这么好?"

"哪有?为什么这么问?"我打了哈欠问。

"我看着你们同吃一锅泡面,你们关系好好啊。"

"……"我看着周小安一脸艳羡的表情,你的脑洞这么大,你爸妈知道吗?

"快跟我说说,雷子对你做过最让你感动的事情。"周小安已经涂抹好指甲,空气中指甲油的味道,周小安的脸,我伸手摸着周小安油亮的头发,昏昏欲睡道:"周小安,你几天没洗头了。"

闭上眼,又是那一晚周小安拿着小棍子翻找垃圾时的背影,以及雷子光着脚丫子看隔壁女生宿舍时那一轮大大的月亮还有他被马路的路灯拉出的背影。

我问周小安:"你在找什么?"

我问雷子:"你在看什么?"

周小安说:"没什么。"

雷子说:"叶帅哥。"

好久以后,才知道周小安因为紧张不敢回过头而假装找东西,而雷子挂在嘴头的那句"好好照顾周小安"不过是掩饰他落寞的心情。这一刻,我终于明白那时我听到的孤独声音不只属于他们，也属于我们。

那天的川菜馆后，蓝天白云，我问雷子："你有多喜欢周小安？"

那天的午后，常青藤爬满窗户，我问周小安："你喜欢我吗？"

燕子去了，有再来的时候；杨柳枯了，有再青的时候；桃花谢了，有再开的时候。但是，你告诉我，不想就这样让我们的日子一去不复返。

这一年，我们还是毕业了。

陪我记起，谁是知己

街 猫

1

我向来觉得要想不被生活噩梦般的烦琐冗长打倒，就非得好好睡觉不可。

有一朋友说了刚好相反的话。她说，要想摆脱平庸无奇的生活，睡得越少越好。从这一点儿就可以看出，我和她志不同道不合。她很努力，相信一分耕耘一分收获，也不太介意两分耕耘一分收获。她规定自己每天要背一首古诗，记二十个单词，跑半个小时的步，练两小时的琴，外加做N张卷子。不做完这些她是不会让自己睡觉的，即使做完了这些她也不会轻松放过自己。你知道，这个瞬息万变的世界总是今天流行这个明天流行那个的，网上疯狂转发着诸如"一百首你不能不听的英文歌曲""这五十部电影你没看过就别说自己是影迷了""十八岁之前一定要做的十八件事'"此类的文章。我常常想,哪来那么多"不能不""一定""非什么不可",也许看了《红楼梦》能理解古典美,看了《巴黎圣母院》能提升格调,但他们都没有我看《海贼王》看得开心呀。我这个朋友就像做功课一样看了很多那些"不得不"的影片和书目,听完了很多能使人便秘的音乐和对话。这下无论别人和她聊什么她都能应对自如并且"见解独到"了。

有一次我听到她和一个学长聊马尔克斯的《霍乱时期的爱情》,就是马尔克斯死的那段时间,网上有很多人跳出来歌颂和怀念他,写了无数伤心的句子顺便挂上自己的自拍照片。我曾在《读者》上读到一篇关于阅读统计的文章,马尔克斯的《百年孤独》是青少年"最读不下去的经典"中的首位。在咖啡馆温馨的灯光下,我听着她跟那个男生侃侃而谈:"这本书写得实在太棒了,我特别喜欢他对书信的那些描写。我跟你说,我初一那个时候就特别迷恋写信……"

我很想任性地摔掉玻璃杯,告诉他们,在马尔克斯还没死之前,我就看过他的书了!

2

你千万不要以为那些看起来耀眼夺目的人天生就比别人厉害。其实他们只是比你努力。不过话说回来，也许"努力"才是最难能可贵的天赋。

如果我是来这个世界潇洒看风景的，那么她就是来英勇战斗的。我也想光明正大地告诉你们我这个朋友姓甚名谁，可是她最近状态不佳恨不得戴墨镜出门自然不愿意暴露姓名。动画片里，每个战士都有一件制胜武器，我这个朋友的秘密武器是：咖啡。我从没见过哪个人像她喝咖啡喝得那么频繁，她就像迷恋书信一样迷恋这些暖棕色或深褐色的液体。这个我敢打包票，她对咖啡的爱不是装小资，如假包换。她偏爱速溶咖啡，最爱摩卡。但当她完成了一个目标，她会带我上一个咖啡馆。你知道，咖啡馆不是用来喝咖啡的，通常她拍几张照片上传微博，我则是在细若缠丝的外语音乐中昏昏欲睡。对于她来说，上咖啡馆是一种仪式，是对自己辛苦付出的一种犒劳。为了不枉费她苦心经营出的高大上感，我姑且把她称为咖啡小姐吧。

现实生活中，咖啡的作用是醒目、抗疲、提神，咖啡小姐的生活是奋斗、奋斗、奋斗。作为熬夜必备品，咖啡陪着咖啡小姐度过了无数个不眠之夜。她来我家过夜，可以不带衣服和洗漱用品，但一定要带几包咖啡。和她混久了，我家也有了一个小咖啡铁罐，这个咖啡铁罐是一间咖啡馆的光头老板送给我的，后来被我拿来种仙人掌，放在阳台上风吹雨淋，如今已经锈迹斑斑。以前每次她来我家，看到我旧冰箱里脏衣服和臭袜子，看到我废墟一般的床底，她都忍不住惊呼："老天爷！我怎么会跟你这种人做了那么久朋友！"但只要喝完一杯咖啡，她立马变身超级赛亚人，卷起袖子，把我从房间赶出去。一个小时后，就是我见证奇迹的时刻——我的狗窝变成了酒店里的标准间，还供有衣橱和书柜。用咖啡小姐的原话说："要不是我，你进化成人还需要相当长一段时间。"

老天爷，要不是看她每次来都帮我收拾房间的分上，我老早和她绝交了。

3

我们真的闹过绝交。

去年我们一起参加了一个英语夏令营，然后又被选去参加市里的英语辩论赛。为了和我准备比赛，那段时间她搬来了我家住。她很看重这次比赛，吃饭、洗澡、走路，见缝插针地用英语自己和自己吵架，字句连贯抑扬顿挫，配以丰富的面部表情，时不时耸个肩叉个腰什么的，把我雷得里焦外嫩。她自己变态也就算了，还不允许别人正常。我想来个天天跑酷，她已经把我的手机藏起来；我想看电视，她已经拔掉电源，我捧着本漫画，她在我旁边冷嘲热讽："不怕神一样的对手，就怕猪一样的队友！"

　　老师明明说了，比赛这种东西重在参与嘛。在咖啡小姐的火热煽动下，我们的参与完全变了味道，掺杂了很大的功和利，居然一路高歌凯旋地杀进了决赛。一号辩手悄悄跟我说过，每次没看完比赛资料就想睡觉都觉得特对不起咖啡小姐，一想这个都会睡到半夜拍着胸口被惊醒。可想而知，和她同一个屋檐儿下的我被她蹂躏成什么样了，偶尔睡到三四点，她把我摇醒让我跟她来个情景辩论。平常练习中我稍微不配合，她的脸拉得比大象的鼻子还长。她总是指责我吊儿郎当的态度，我很想说，大姐，咱能不能悠着点儿，不就一个辩论赛吗？用得着这幅欲求不满的架势吗？但没敢说出口，一般不认真的人在认真的人面前都不太有底气。于是我默默摘掉耳机线吐掉口香糖，假装被打了鸡血一样转过身和她用英语对骂，表面亢奋，其实心里早已白眼翻瞎。

　　那段时间我查英汉字典查到手抽筋，看辩论资料和剪报看到想吐，每晚睡觉前都祈祷某个小贱人猝死在梦中。

　　可即使这样，我们还是败了。

　　胜败乃兵家之常事，况且我还不是兵家。我很看得开。

　　比赛回来那天晚上咖啡小姐来我家拿东西，她背对着我把衣服装进书包里。垃圾桶装满了雀巢咖啡的包装袋，她的背影里透着不甘和倔强。

我跟她说话，她不搭理我。

"这样，我们去安妮那吃冰激凌好不好，我请客，点最贵的怎么样？"我想逗她开心。

她不理我。

"喂，好还是不好，你说句话好吧？"

我觉得她未必有点儿作过头了，忍不住嘟囔了一句："这么输不起谁还敢跟你玩啊？"

她猛地转过身来，莫名其妙对我开炮："我输不起？什么叫输得起？我不明白怎么会有人像你这样活着，什么都无所谓，什么都不去争取，还觉得自己很酷！你知不知道我最讨厌你这种仗着自己有点儿天赋就洋洋得意还不尊重别人的努力的人！你那叫输得起吗？你压根儿就没参与过！不敢跟我玩？我还不想和你玩呢！"

我愣在原地还没回过神儿来，她已经背起书包头也不回地离开了我的房间。

4

那次比赛过后，我们就不再联系彼此了。

为此我一度觉得比赛是一种破坏感情的活动，但后来我想明白了，不是比赛的问题，即使没有那次比赛，我们的友谊也会慢慢走到尽头，因为我们不是一路人。

我记得她第一次来我家过夜的原因是她即将月考可是家里太热闹让她没办法集中精神好好复习，选择来我家就是因为我家只有我和我爸而我爸还出差不在家，简而言之，是因为我的家不像一个"家"，不容易让人松懈。

　　早上她坐在沙发上看周报，说突然好想吃酸菜桶面啊，两分钟后我把两桶面扔到她面前，她惊讶地说："你刚才出去了？"我翻了个白眼，这不废话吗？她更惊讶了："穿这样你就出去了？"我低头一看自己：咖啡色人字拖，樱桃小丸子的卡通短裤，抹布般的大汗T恤，乱糟糟的头发，以及还叼在嘴里的一根牙刷。

　　我明白了，对于出门打个酱油都要把衣服搭配得无懈可击还要撑把小洋伞踮着脚尖走路的咖啡小姐来说，我刚才的行为无异于在公路上裸奔了一圈。她一向严格要求自己，主张内外兼修，绝不可能让别人捕捉到她挖鼻孔的镜头。她总是说，不管生活好与不好，首先得让自己变成一个配得上好生活的人。作为特能装的人，她其实还想说坏生活也可以因为我这个人熠熠生辉。她不像那些边咬牙切齿地努力边感慨"生活如此艰辛"的人。她对自己很苛刻，对理想很执着，相信未来是一条星辉灿烂的康庄大道，即使不是，她也不畏惧做一个荆棘公主。她既不羡慕那些过得比她好的人，也不同情那些过得比她差的人，她的自信来自于她的努力。而我呢，懒散成性，只爱好吃喝玩乐，习惯了今朝有酒今朝醉，只有在老爸出差回来的前一晚才想起要收拾房间，还常常收拾到一半就躺在沙发上睡着了，醒来后慌慌张张把所有东西一股脑儿塞进床底。这个时候我就会格外想念咖啡小姐，我知道自己很糟糕，我知道我就是咖啡小姐口中那个"配不上好生活"的人。可是对生活，我有我的态度。

为什么一定要争个头破血流？为什么一定要积极向上？为什么一定不能发胖？为什么终究要变成大人？就让我继续堕落下去吧，就让我继续边开空调边盖着棉被睡觉吧。

多么希望一觉睡醒，我就变成了皇帝的新装里那个什么都敢说而且所有人都喜欢着的小孩儿。

5

冬天的时候，咖啡小姐给我打电话了。

她说："我在你家楼下，可是我不敢上去。"

我飞奔着跑下楼，什么都别说，我要狠狠拥抱这个傲娇的小贱人。

可是她一抱着我就哭了。我知道，她代表学校参加了一个英语辩论赛，听说这一次又是败在决赛第二轮。在同一件事情上摔倒两次，我们的咖啡小姐终于扛不住了。

"为什么我明明那么努力了，还是得不到我想要的？"她哭着问。

我轻轻抚着她的背，说："你看，像你这么努力也不一定得到回报，但如果像我这样不努力，会很轻松哦！"

她终于破涕为笑，大声说："你滚。"

我们手牵手走在马路上，聊着这几个月发生在各自身上的许多事。有些好笑，有些伤感。我产生一种错觉，好像身边这个人和我从来没有远离过，她昨天还在我房间的床底下扫出五个响当当的硬币。

她说这座城市根本没有一家像样点儿的书店，她想看的很多书都找不到；她说以前看过的很多小说都开始被拍成电影了，我们是不是要老了；她说有一个男孩儿说喜欢她，可是说完就不见了……我们路过一家正在拆迁的咖啡馆，以前我们来过这里，她出神地看着"Happy time"那个招牌，低声坚定地说："如果我以后混得好，我再也不要回到这个见鬼的地方。"

混得好不就是为了回到故里扬眉吐气气死以前那些看自己不顺眼的人吗？好吧。咖啡小姐的想法是我这种胸无大志的小角色无法理解的。

"如果混得不好呢？"我问。

"那你永远都别想再见到我了。"她斩钉截铁道。

6

后来我们又慢慢走远了，很久才联系一次。

咖啡小姐总是很忙。她要学习、练琴、听讲座、参加比赛、策划活动。她不停遭受挫折，不停汲取教训，不停努力，不停进步，偶尔上传她在咖啡馆里戴着白色大耳机靠着绿色复古沙发的照片。

有时我在候车亭下看到她，不管多冷，她都只穿一件打底衫外面套一件外套，没人的时候忍不住耸着肩膀做出萧瑟的表情。她看起来既疲惫又神采奕奕，我跑到马路对面买两杯咖啡，一杯递给她，一杯拿来自己暖手。想起她以前对我说过的"我对你的底线是，不许穿秋裤"。她一饮而尽，把杯子以一道优美的抛物线扔进垃圾桶里，然后急匆匆跳上迎面而来的7路公交车。

有时我会想，我怎么会跟她做了那么久的朋友呢？

她不是闺密，我们不会说肉麻的话也不会整天粘在一起；她也不是老友，她不清楚我从小到大暗恋过几个男生做过多少糗事。很多时候我觉得"陪伴"根本就是无稽之谈，没有谁非要跟着你赖着你，只不过你刚好出现在他们身边罢了。但是我看重她。她是一道光，强势地闯进我的生活而后漫不经心地离开。或者说，她是开着红色拉风跑车的独行者，看到慢吞吞走在公路上东张西望的我，招手对我说："嘿，伙计，快上来！我带你去转转。"可惜我是个糟糕的乘客，车开得快我就会吐，怎么办呢，她是不可能减慢她的速度的，否则她的旅途就失去了意义，于是我只好下车。我迷迷糊糊地穿过迷宫一般的小巷，在某个转口又遇到这辆红色的车。哦，这次她的车出故障啦。没关系，你先下车，公园里的海棠花开得正好，别着急，我们总会有办法修好车的。夜色降临，我玩累了也就睡着了，想着也许梦里有人告诉我修好车的方法。可是咖啡小姐不肯睡，因为她怕有人偷走她的车。

　　我有时真羡慕她有一辆没有盖的车，因为那意味着她拥有体验到极速的可能。可我更舍不得地面上巷深酒愈醇的风景。没有比自己的双脚更便利的交通工具了，是咖啡小姐让我明白，这就是我本来的样子。我清楚她不会陪任何人，她停下来只不过是因为她累了，休息一阵又得上路。

　　有一句话我一直没好意思说出口，但我想你一定明白，疲惫时欢迎来我的房间睡一觉，这里没有任何煽情和打扰，但要记得帮我收拾好房间再走，我亲爱的咖啡小姐。

学霸的爱情故事

酒 忘

1

当简凌打电话约白梨秋出来一起吃晚饭时,白梨秋以明天要抽考所以现在在复习作为理由,冷漠地拒绝了对方。

"哎,白梨秋,你是年级第六欸?"简凌那还未成熟,却又很动听的少年声音,即使穿过电话,也让白梨秋听得入迷。

"那么,"白梨秋回过神儿来,继续用很平静的声音回答道:"作为年级第六都这么重视的抽考,请问年级前三的你为什么还那么悠闲呢?"

2

所谓学霸,就是学生中的一朵杀伤力极大的万能奇葩。

他可以在考场中叱咤风云,从不挂科;也可以在操场上动若如风,故以千黑马之称。

如果你觉得学霸只是单方面的成绩好就错了!

这次抽考,简凌稳保年级第二的座位,而白梨秋则抢到了年级第三的位置。

"简凌说过的,如果我进入了年级前十名就和我交往的……"旁边女生因羞涩而变得娇滴滴的声音让白梨秋耳朵生疼。

"哦……"简凌白皙清秀的脸上闪过一丝惊讶,洁白的牙齿咬着下嘴唇,在班里某些同学的起哄下似乎也有一点儿不好意思,但那也就只是几秒钟,他脸上的各种神情便烟消云散,取而代之的是云淡风轻委婉一笑,"如果不影响我学习的话。"

白梨秋轻轻放下了手中的笔,拿起语文书从简凌与女生中间横穿过去,用极小的声音不知对谁说道:"恭喜。"

她觉得教室好吵,待在那样的环境只会让自己心烦意乱,即使表面上那么安之若素,但是某一个从小就与自己认识的家伙一定会看出什么端倪,所以啊,为了不让他发现,还是趁早逃掉吧。

可是……

是从什么时候呢?白梨秋很想知道,是从什么时候开始,她居然如此在意他的目光。

那只是个脾气不怎么好,骄傲自满,身高只有一米七五,体重四十五公斤的AB型血的水瓶男啊!不过,为什么自己那么了解他……

白梨秋镇静地合上书,闭目养神,自言自语冷淡地说道:"乱我心者,今日之日多烦忧。"

3

周末,白梨秋提着包上了地铁,前往简凌所说的那个咖啡店。

只是一起复习而已,白梨秋静静想着。纯白色的耳机中那些快要被机械化的声音读烂了的高二必背单词与语法却让她焦躁不安。可是,她只是淡定地推了一下鼻梁上的眼镜。

果然,简凌一如既往地独自坐在安静的角落,钢笔停停写写,不能说是万人迷的脸庞但至少还是蛮有魅力的。

"你女朋友好歹是年级前十,怎么不叫她一起过来?"点了杯拿铁后,白梨秋毫无诚意地问道。

"不想。"简凌没有抬头,但是回答完后又加了一句:"我只邀请年级前五名的人一起复习。"

"那我之前还在年级第六时你也邀请过我,什么意思?"

"……"

虽然两人一见面就陷入了僵局,但是白梨秋却明白简凌那只是傲娇地找借口而已,所以自己脱口而出:"笨蛋。"

……

要走的时候,白梨秋无声地收拾起东西,还没等简凌说上话,便甩下一张已经折叠好的草稿纸转身离去,连再见都没说。

简凌接住被甩到自己脸上的草稿纸,"山有木兮木有枝。"

少年看着那一笔一画写得精致的字,一直面无表情的脸猛然一红。

4

白梨秋保持着理智走进房间,但是一坐下来后便发现手抖得厉害。

她自然是明白的,那个人一定会读出自己从未说出口也一直不敢说出口的情感。

因为过于急切的心理原因以及肢体上的大幅度运动，所以导致自己面色赤红、头脑发热，想要平和下来的话，除去喝凉水就是分散自己的注意力。

白梨秋这样想着，拿出中考复习题又开始做了起来，可是脑海里的某个影像却永不停歇般地放映着。

他的神态，他的动作，他的声音，甚至是他的温度。不管哪一个都如此逼真，仿佛他就在自己身旁一样。

不可以分心，要不然成绩掉下来的话那可就惨了，不但年级前十保不住，就连复习都不能和简凌在一起了，白梨秋瞬间开启学霸模式，奋笔疾书起来。

只是，自从那天以后，他与她便没再说过一句话。

高三上学期期末，简凌直登年级第一的宝座，而白梨秋则以两分之差坐镇第二。不过即使是这样，两人还是各做各的复习题各走各的路，如同皇子争夺太子之位一样，为抢第一宝座的两人在学习上花费心思，让学渣们倍感压力。

然而白梨秋没有再见到那个可爱的女生来找简凌，高考在即，她已经没有多余的脑细胞去想这件事了。

不再想他。

5

那年高考，白梨秋被上海某大学录取，而简凌则奔赴英国。

曾经写在那张纸上的那句话,早已成为自己心中的一根针,无法剔除。

他肯定讨厌自己了吧。

因为……

因为哪怕是一句吐槽她的话都没有再讲了,像陌生人一样擦肩而过,注视着的永远只有书上那些文章、公式、语法……

自己费尽浑身解数终于与他平起平坐于第一的宝位,可得到的却是他一脸平淡无奇的回应。

啊,对了,自从那次自己扔下纸条无声地跑掉后,他都没再约过她一起复习。

"梨秋!小凌来看你了哦!"母亲一脸欣喜地朝着自己女儿房间喊着,然后转过头笑得更加灿烂地说:"哎哟,小凌,长这么高了啊!还带东西来,太客气了!"

趁着简凌与自己母亲寒暄之时,白梨秋把一切情绪埋入心底,认真地继续看书。

当门被打开时,白梨秋还是全身一僵。

简凌放下手中的袋子,像是料到了对方在想什么,便先打破了沉默的气氛直奔主题:"如果我们高二就开始谈恋爱的话,请问你还能坐上第一的宝座吗?"

白梨秋对简凌先开口解释显然有些吃惊,但片刻后又恢复了面无表情的模样:"能。"

"那个女生自从和我谈恋爱后,就天天关注着我的各种动态,结果从前十名一直掉到了前五十名。"简凌认真地说道。

"我和她不一样。"白梨秋回答。

简凌温和的男音直达白梨秋的脑内,刺激得她泪腺崩溃,眼泪汹涌而出,使她的眸子明亮无比,像装满了一颗颗的小银星一样,璀璨无比。

那天,她得到了他的回复——心悦君兮君自知。

陈小雨的爱情不转弯

翁翁不倒

1

叶新吃过晚饭就拿起手机刷微博刷个不停,后来回过神儿来看了看时间,才想起自己有件事还没做呢。

他轻手轻脚拎着垃圾桶下楼,没想到还是在二楼被王女士发现了。

"你说你垃圾怎么还没去倒啊?!真是放个假就懒透了!快去啊,十点门禁,回不来就别回来了!"

叶新想起刚才看时间都九点半过了,心想真是亲妈啊!一边走得更快了。

没想到倒个垃圾还能捡只小花猫,叶新站旁边看了好一会儿,因为没戴眼镜,他也不敢乱认。没想到小花猫自己抬起头来了,瞪了他一眼,带着哭腔的声音,"看什么看!"这会儿叶新倒是确定身份了。

他琢磨着,"你在垃圾堆旁边干什么呢?"

"要你管!"小花猫起身就走了,他有点儿莫名其妙。

看着垃圾堆里老鼠窜来窜去觅食,想了好一会儿,心想刚才还听到哭腔呢,是发生什么事了啊?

晃了个神儿想起快十点了,慌忙地倒了垃圾就往回跑,心想亲妈总归不会把自个儿子关门外吧,没想到……

亲妈果然是亲妈,叶新最后趴门上求他妈开门哭嚎了半天,就把刚才的事给忘了。

2

暑假放完回校,叶新颓废了两个月,总算想起作业还没写完。然而自个的座位热得要死,他四处看了看,发现新同学旁边有个空位,正对着风扇,于是收拾了一下不要脸地蹭过去了。

新同学正是上次叶新碰到的小花猫,叶新一边心不在焉地抄着作业,一边鬼鬼祟祟地问:"你……上次是为什么呀?"

"你认错人了,不是我。"

"哦。"叶新悻悻地扭回头,看来人家不太想搭话呀。那就自己干自己的事吧。

一回生两回熟，现在叶新连招呼都不用打，每天回到学校直接就坐下了，小花猫刚想说话，他一句："我热！"直接堵回去。

看着陈小雨吃瘪的样，他也不知道有点儿高兴是为哪般。

3

陈小雨的心情有点儿复杂。

其实一开始是相安无事的，叶新和陈小雨各自做着自己的事情，互不干扰。

没想到过了几天，两人已上升为能共同讨论某个政治观点的小愤青，简直相见恨晚啊。期间小打小闹，你给我块饼干解馋，我给你瓶酸奶解渴，又因为饭卡没钱，陈小雨蹭了叶新一顿晚饭。

在吃晚饭的过程中，叶新给陈小雨讲了一个冷笑话，她笑得差点儿岔了气，抬头双眸亮晶晶地看着叶新，无意间看到叶新略带宠溺的眼神儿，愣了一下，叶新指着她的下巴："饭粒啊哈哈哈……"画风变得那样快，陈小雨又愣了一下，低下头红着脸默默把饭粒弄掉了。

陈小雨觉得自己整个人都不好了。

晚自习的时候，她不再像以往那样和叶新聊得欢快，总是手上做着题,却心不在焉,偷偷斜眼瞄身边的人,有时被抓住,陈小雨嗖地一下扭回头,心却跳得飞快。

4

叶新接过陈小雨递给他的纸,看了一眼,有点儿莫名其妙,"什么叫不要再坐你旁边,希望两人距离远一点儿,不要给彼此造成不必要的误会啊?"

陈小雨偏过头,脸有点儿红,执拗地说:"字面意思!就是说自己做自己的,不准找对方聊天,等等!听明白了吗?"

然而没用,晚自习铃一响,叶大爷依旧拎着他的草稿本不要脸地坐到陈小雨身边,小雨眼睛一瞪,他就卖萌,"我真的很热!"好吧,陈小雨头一扭,自顾自写作业,心却不知飞哪去了。

放学时间,叶新想找她一起去食堂吃饭,陈小雨跑得比兔子还快,下楼梯三阶并作一阶,叶新在后面喊她:"喂!又不用你请!"没想到叶新不喊她还好,一喊她跑得更快。

于是经常出现一个场景,每天一放学,俩人都跑得比兔子还快,陈小雨往下跳,叶新在后面追。

有一次叶新实在忍无可忍,一把拽住陈小雨的校服裙摆:"你说你到底在躲我什么啊?"

陈小雨急红了眼,"神经病啊!"

5

中午陈小雨和同学去图书馆自习室,也是为了不见某位大爷,俗称眼不见心不烦。

没想到刚坐下没多久,迎面走来一个叶大爷。叶新似乎也没料到陈小雨在这儿,当场放弃了上好的风扇特供位,特不要脸地走了过来,大义凛然地坐在她旁边,隔着一个空位。

陈小雨嗖一下从座位上蹦起来了,吓了她同学一跳,她不自然地说:"啊,同桌我好热,我去那边坐坐。"然后匆匆忙忙走了。

紧接着叶大爷拎着他的书包跟了过去。

陈小雨又跑回来了,一屁股坐在了她同学左边,紧接着她同学的右边被人占领了。

最后,三人排排坐。

诚然,本故事并没有她同学什么事,只是想感叹,哎呀,小雨的那同学你怎么这么亮呢?

6

陈小雨明白叶新到现在也没理解她的反常,所以她极度地郁闷。只好一人跑到操场上去看星星，没想到回来时把脚扭了，所幸不太严重，她还能走。

回到教室跟同学借跌打药酒，没借到。想着就那样算了。

没想到刚回到宿舍，就听到广播在喊："B栋301室陈小雨同学，请到宿管处一趟。"

陈小雨去了，得到一瓶活络油。

据陈小雨回忆，当时宿管看她的眼神儿是特别的，语重心长地说："小雨啊，你脚扭了？"她正诧异宿管怎么知道的，宿管又说："刚才有个男生拿了活络油来，说要转交给你。"

陈小雨想了想，想到极有可能是叶新送的，心情又更上一层的复杂了。

但她还是不能忘记宿管当时的眼神儿，心想八字还没一撇呢，你瞪我也没用啊。

7

祸不单行这句话是对的，不然你看陈小雨。

又是一天放学，依旧是一只老鼠在前面不自知地欢快地蹦跶，阴险的猫假装追不上地保持距离动态平衡。叶新现在对这个游戏也是有点儿上瘾。

陈小雨想回头看叶新追上来没，怎料脚下一脚踏空，整个人就滚下去了，脚又崴了，崴得很严重。后来叶新背着她去校医室，整个过程陈小雨的脸就没降过温。

8

校医给她处理完脚踝，叶新就又一把背着陈小雨往教室走。

"让我下来吧，好多人看着呢。"陈小雨有点儿羞涩。

"下来个头！下来回头你还得去医务室。"叶新手上动作收紧了，"问你个事啊，听说你喜欢我啊？"

陈小雨一惊，不确保他是不是在笑她，一倔起来，脱口而出："是啊，怎么了？不用你操心。""没啊！"叶新空出一只手伸到陈小雨面前："盖个章吧，我也挺喜欢你的，我们交往吧。"陈小雨轻轻地将自己的大拇指印上叶新的，心情很微妙。

"不准反悔啊！"

"嗯，不反悔！"

三 只 猫

翁翁不倒

1. 一只像招财猫的喵

我家墙上还挂着一张照片,三岁的我亲昵地搂着一只胖猫。

那只胖猫就是招财。

它之所以会叫这个名字是有原因的,它长得实在太像那种会摇手的招财猫了,要是把毛染成金黄色再摆柜台上去,肯定能招来生意啊。

它被我妈养的全身是肉,走路踩猫步那叫一个标准慵懒有气质,因为这个连带着看人类的表情都变得傲娇,有时散步散着散着,会眯起眼睛不屑地瞥我一眼。

我流着哈喇子还以为它在召唤我,撒丫子冲过去死死搂着它一阵乱摸,它尖叫一声炸毛了,吓得我赶紧往我妈身边跑,我妈拿着个拖鞋装模作样地打招财。

边打边说:"看,妈妈已经帮你打了这只坏猫了,宝宝别哭了哈!"

我不解气地还想去踹上一脚,被我妈拖进屋了。

我也不只这次被它吓到,之后有天早上我醒来要下床,突然发现地板上有几个老鼠头,差点儿被吓死,哭爹喊娘。

我妈以为发生什么事了,操着扫把跑过来,看到这些后反而笑了,边笑边说:"我们房间也有呢!"

后来才知道,这些都是招财干的好事,它虽然满身肉,但是身手十分敏捷,特别会抓老鼠,抓了就啃,啃剩一个头就收集在一起,分别叼了放在我、我妈、我弟的房间里,估计是想要让我们第二天看见后表扬它。

如果招财还在的话,我想我一定会笑眯眯地对它说:"招财,过来,我保证不打死你!"

可惜招财只陪伴我度过了童年。

但它是安乐死的,它的一生,应该过得很快乐吧。

2. 风一样的喵

饭桶是从别人家抱来的。

刚出生没多久,看起来还很小,就被主人送出去了。

我小心地拎着它的脖子回家,它疯狂地挣扎,亮出爪子就在我手上划了一道,我吃痛地松开手,它噌地跳到地板上,跑进屋子里躲起来了。

怎么叫都不肯出来。

等到晚饭时间,饿得在那喵喵直叫,我端鱼放在地板上,它闻到味道,瞄瞄我,想出来又不敢出来,我假装不看它把头扭过一边,它看了几眼,终于慢吞吞地从床底下挪步出来,对着盘子狼吞虎咽。

我伸手轻缓地挠挠它的头,它似享受地喵了几声,继续吃鱼,但明显不怕我了。

喂过几次才知道,这货简直太没节操了。

刚开始还好,每次一到饭点儿,它会瞪着水汪汪的大眼睛看着我,一边软萌地叫着"喵喵喵",然后我就会在它热烈的目光中把鱼端到它面前。

再后来,它还没到饭点儿的时候就跑到我跟前喵喵喵地叫,我不理它,它就抬起两只前爪搭在我腿上挠啊挠,边挠边叫,最后还动用嘴去咬我的裤腿,想把我拉到厨房去。

这时要是还不理它,它就要犯二了,整个身体卧倒在地板上撒泼打滚,一个翻身,弓起身子愤怒地用爪子挠木质地板,发出刺耳的哧啦声。

为了吃它真是蛮拼的……

这时最好马上给它吃的,再摸摸头安慰安慰,不然……

我就有一次故意不理它,想看它能二到什么程度,结果它特别愤怒地跑开了,拿鱼给它,这货居然傲娇地喵一声,把头扭向一边表示不屑,怎么哄都哄不好。

我就快被逼到大马路上撒泼打滚了,才终于让它重新接受我。

我追男神的时候都没有这般努力好伐?

被自己感动哭!

我们的小日子过得多和谐啊,打打闹闹疯疯癫癫……

只是有一天,饭桶突然不见了。

明明它的小窝还在,专属它的饭盆还在,被它抓得起毛不能再用来织毛衣的毛线球还在。

我以为它在外面逛逛就会回来的,它也不是未曾出去过。

可是我等了一个星期也没等到饭桶回来。

它是遇到危险被坏人抓去了吗?

还是只是找不到回家的路了?

我更希望它是在路上遇到了情投意合的另一半,一起去构建它们自己美好的家了,毕竟春天已经来了呀。

饭桶,真希望有一天你能带着你的小饭桶一起回来见我……

3. 一只没有安全感的喵

至今想起那一幕仍觉得心像被人揪住了一般,很难受。

我是在放学路上经过一条很窄的过道时发现叨叨的。

那时它正被几个小孩围着扔石头,也不跑,只喵喵地叫着,且声音十分虚弱。

我吓跑几个小孩儿,这才看到叨叨全貌。

只一下就愣住了,因为它长得实在太像饭桶。

但又确实不是饭桶。

叨叨全身的毛都缠在一起,灰扑扑一团,头部一小块地方没有毛发,像是被火烫过。

整只奄奄一息卧在那,眼神放空,偶尔叫几声,声音小得几乎不可闻。

我挡住了它的阳光,它感觉到了,抬头看我一眼,叫了一声,又闭上了眼睛。

我很冲动地想把它带回家,它两只爪子死死抓着地面,整个背部都弓起来了,声音尖细惊恐。

刚开始一段时间,只有我靠近得了叨叨,其他人想要去碰它,都要先问过它的爪子。

那时窗帘床单都不知被它挠破多少个口子了。

后来它的性格总算不再那么暴戾,加之吃好喝好,叨叨的体重噌噌噌地一路上涨,变成了一只圆润可爱的毛球。

我惊恐于它不断横向发展的体型,妈妈却掩嘴笑了,叨叨那是怀孕啦!

之前听朋友说狗在生下宝宝之后的一段时间里最好不

要去碰它的宝宝们，不然它会以为你是要伤害它们，它会把它的宝宝们藏起来不让你找到。

我不知道是否喵星人也有这个特点。

只记得那时候，叨叨生了一窝小猫崽，只只萌萌哒，来串门的亲戚都说猫生得好，还想让我们送只给她养。

因为知道对方只是在开玩笑，妈妈也就笑着说好啊。

没想到第二天叨叨就不见了，还有它的宝宝们，都不见了。

问遍了左邻右舍都说没看见，我心急如焚，直接上大街小巷去找。

叨叨最终是找到了，就在我最初见到它的那条过道里。

它把猫崽们都叨到那里去藏起来了。

我把它们都带回家了，但是……

第二天它们依旧不见了。

如此重复多次后，妈妈叹了口气说，由着它吧！有些事情真是不能强求。

刚开始放学后我还会顺道去看看叨叨，没想到过了几天后叨叨已然带着它的宝宝们又搬家了。

这次该轮到我叹气了。

叨叨，我终究给不了你想要的家吗？

你要受过多少伤多没有安全感，才会做出如此种种举动呢？

自此，我家不再养猫。

你的世界我来过

薛漠北

"面瘫"刚刚住进我家的第一天就因为离开妈妈而不争气地号叫了大半夜，为了报复被它吵得无法睡觉之仇，我在为它取名时刻意避开了炫酷有范儿和可爱呆萌的名字。我恶趣味地在三个纸条上写下三个名字：脚气、面瘫、鼻屎，而后将三个纸条分别放在三个方向，让它自己决定自己的命运，最终，面瘫成功地在三个名字中挑选出最体面的一个。看，它还真是机智。

面瘫刚来到我家时才半个月大，还不能吃饭。第一次喂奶，面瘫并没有意识到奶嘴会是它的挚爱。当我将奶瓶拿到饿得嗷嗷直叫的面瘫面前，将奶嘴对准它的嘴巴时，它一度傲娇地别过头不理我。强制性将奶嘴塞进它的嘴巴后，这厮立刻暴露了吃货本性。为了让它快乐健康地成长，每天我都会亲自冲好奶粉来喂它。每一次面瘫喝完奶粉都会意犹未尽地吸吮我的手指。突然有一天，它咬疼了我，我惊喜地发现它长牙了。

长牙两个星期后，我试探性地改变投食策略，第一次喂了它一颗肉丸。面瘫果然是食肉动物的后代，尝到肉的美味后，从此踏上了卖萌打滚求肉丸的不归路。当然，奶嘴依旧是它的真爱。

如果硬要给面瘫安排一个星座，我想它一定是女汉子座的。走路早已不再摇晃，学会了小跑的它每天都像跟屁虫一样跟着我。它会调皮地跑到我的前面挡住我走路的步伐；还会把我的裤脚假想成猎物像模像样地撕咬；它会趁我不注意把我的鞋子弄得乱七八糟，还会偷偷将卫生间的卫生纸扯成一条一条。那天爸妈不在家，我无视面瘫无辜寂寞的眼神，在食盆里放了一些狗粮后将它一个人锁在了家里，而后兀自去上学。当我放学后回家打开门时，面瘫第一时间扑了过来，抱住我的小腿摇头晃脑。就在我自恋地认为它是太过想我而无法自持时，我看见了被挠烂的窗帘、茶几旁打翻的茶杯、铺了一地的复习资料和被撕碎的卫生纸、四处散落的狗粮以及鞋架旁的一坨狗屎。虽然知道它毁坏东西其实是因为会寂寞会害怕，但我还是第一次打了它。

被我教训之后的面瘫显然没有想到卖萌神功竟然没有起作用，郁闷的它选择了面壁来忏悔自己犯下的错，我叫它的名字，它也只是滴溜着大眼睛一脸无辜地看着我，并不像以前一样打了鸡血似的往我身上扑。我本以为它对此次事件有了常伴青灯永陪佛影的觉悟,却不料当我拿出牛肉丸后它又暴露本性,原地满血复活然后冲我"汪汪"直叫。

面瘫在我的细心呵护下长成了"大姑娘",除了依旧女汉子属性外,它还增加了呆萌犯二这两个新技能。春光明媚的四月,我带它出门散步。第一次走出屋子,来到小区这个大世界的它激动地在小区里狂奔不已四处乱嗅。碰巧遇到了王大爷家的妞妞,面瘫傻乎乎地跑到对方身边黏来黏去。同性相斥不相吸,再加上妞妞又是小区中出了名的女王,面瘫最终只能在妞妞冷酷目光的注视中宛如女仆一样离开。它的友情还没开始就走到了尽头。

可能是被妞妞高贵冷艳的气场伤害到了,回家后的面瘫无精打采,晚饭也没有吃。到了晚上,它竟然开始干呕、吐白沫。我吓坏了,立刻抱着它跑到了最近的兽医院。医生诊断说面瘫是中毒,因为它在小区里乱嗅时吃了腐败食物。进行催吐后,我将面瘫抱回了家。这一晚,我将被子枕头抱到了沙发上,看着无精打采的面瘫心里五味杂陈不想睡。我脑海里突然灵光一闪,起身为面瘫冲了一瓶奶粉,令我欣慰的是,半天未进食的面瘫竟然嘬几口奶,虽然仅仅是几口,但这足以让奶粉打败牛肉丸重新夺回真爱地位。

一年后我成功地考上了心仪的大学,面瘫也长成了

"高大女神……经"。与狼酷似的外表让它在不动时看起来有一丝女王范儿，然而当它动起来后完全是一个"犯二"的傻大姐。大学后的第一个十一长假，我带了一皮箱各种各样狗粮奔赴回家。我本以为打开门的一瞬间面瘫会立刻扑到我身上黏着我不放，却不料迎接我的只是一个毫无生气的眼神和一团有气无力的身体。它的身体瘦弱不堪，毛发不再光亮。

见我回来，面瘫勉强从它的小窝里爬起来，摇摇晃晃地向我走来，一如刚来到家里时还没学会走路的它。面瘫没走几步便栽倒在地，然而腿脚不灵便的它并没有打算放弃，而是再一次站起来，缓慢地晃动尾巴朝我走来。再跌倒，再爬起。小窝到玄关的短暂距离此时仿佛成了铺满荆棘的万里长城，面瘫走的每一步似乎都可以耗光它所有的力气，然而，它灰蒙蒙的眼球里始终有我的倒影。我扔掉皮箱冲向前去，一把抱住面瘫，不断哭喊着："你到底怎么了？"面瘫傻乎乎地连叫都不叫，只是靠在我怀里，缓慢地晃动着尾巴，发出"呜呜"的声音。

妈妈说面瘫是在外面误食了老鼠药，由于毒性太强，医生也无力回天。医生说面瘫活不过中毒那晚，但它却奇迹般地度过了两天，期间只喝了一些牛奶。

我知道面瘫是在等我回来，它在等我喂它奶粉，带它遛弯，它在等着撕扯我的裤脚弄脏我的鞋子，它还等着我给它介绍朋友。

那晚我像面瘫第一次中毒时抱着被子和枕头搬到了客厅的沙发上，我尝试像以前一样冲了一瓶奶粉喂它，这一次它一口没喝。我没有听妈妈的话回房睡觉，而是一直坐在地板上看着面瘫。

　　人的寿命要比狗的寿命长得多，悠悠的岁月中，宠物或许只是你生命的一部分，但你却是它生命中的全部，从它开始吃奶起，你的脸就是它唯一的爱，你的味道就是它唯一爱的那种味道，它最喜欢你叫它的名字，最害怕你不喜欢它，它的生命里只有你。在面瘫生命的最后时光里，它一定不想让我看到它。狗就是这么傻的动物，它在健康时逗你笑，在快要死去时害怕你伤心而悄无声息地离开。我想如果不是门的阻拦，面瘫大概早就瑟缩到没人的角落静静等待死去。

　　凌晨一点刚过，面瘫终于闭上了眼。

　　我陪它走过了最后几个小时。它的灵魂，应该是暖的吧。

我的青春都在这里

一 诺

喜欢的书

今天收到从几千里外的编辑部寄来的小博,欣喜地拆开信封,真好,盼了好久的梦终于到了。

晚上整理书箱,把所有的杂志都翻了出来,整整四十二本。老妈问我:"马上就要高考了,就不能先放一放吗?"我没有说话,拂去了封面上的灰,你看,我所有的青春都在这呢!

我望着面前这些梦想,欣慰地笑了笑,除去被朋友弄丢的,也还是集齐了整整一年的小博。我拍了照片,发在空间,我说:"即使没有人能理解这样的梦想,没关系,反正我不会放弃。"

有朋友评论："我能理解。"我回复"谢谢"，然后点开他的资料，突然就哭了。

两年来，他给了我太多感动。认识他的时候，我刚转到他们班，他对我的死党说："她好像我认识的一个朋友。"后来要了我的QQ号，但是我们没有聊过。因为早在以前，我的成绩一落千丈自卑心泛滥然后一直隐身，不愿被人看见我亮着的头像，就好像是一个见不得阳光的人害怕暴露在烈日底下一样。

后来，他喜欢我，变成了众人皆知的秘密。再后来，我们在别人的起哄声中分班了，我回到了重点班，开始找回被遗失的自信。

他很好，每个节日都会记得送我喜欢的奶茶；我生日的那天，他跑了好几条街为我买礼物；我的号被盗了，他在网吧坐了一夜只是为了帮我找回号，然后第二天红着眼睛去上课。可是毕竟我们不适合，如果他靠近我，我就会在两个星期以后厌烦他。还好，我们之间不温不火，这便是一段友情长久的理由。

我感谢这么久以来他一直在，一直鼓励我，就好像我陪着小博一样，我在成长，小博在成长，我们都在成长。

喜 欢 的 城

我喜欢雪，但我又怕冷。

12月18日，2014年的初雪。

　　我走进德克士，推开门的瞬间，一股暖气袭来。我没有学着韩剧里那样初雪的时候来一份炸鸡配上啤酒，因为我怕我矫情地哭出来，你知道在那么多人的面前掉眼泪真的很丢脸，而且我哭起来不是梨花带雨也就算了，还有鼻涕带泪，真丑。于是我点了咖喱饭和热牛奶，挑了个靠窗的座位。

　　我发现我喜欢上这个小城了。从这个角度，刚好看到楼下的一切。明亮的落地窗外是一条小吃街，因为是冬天，对面楼的冷饮店大门紧闭，但是人来人往的街道却充满了行人的热情。旧街还是原来的模样，几个缝衣服的大婶闲聊着，脸上的微笑足以证明她们拥有别人不懂的幸福，脚下的缝纫机踩得咔咔直响。

　　2008年，我来到这座小城复读六年级，告别了昔日的朋友。那时候，我恨死这里了，因为来自农村，总怕有人笑我土。2011年，初二，渐渐地和班上的同学熟络了，八个人，八人帮，一起花痴一起"犯二"。等待中考的那段日子，我们都是快乐的。2012年，中考结束，有人去了别的地方，有人留了下来，我们也断了联系。她们说过，我们的青春不会散场，友情也不会。可是后来姐妹头像姐妹网名一个接着一个地消失了，同一个分组里的人也越来越少，最后她们就像是绽开过后的烟火，散落在天涯海角。2014年，我高三，没有花太多心思去对待身边的人，一个人沉浸在自己的世界里，自娱自乐。

以前总是想，毕业以后就好了，去一个不一样的地方，做些不一样的事。可是当我快要离开的时候，我喜欢上这座小城了，我舍不得了，因为这里有我的青春。

雪越下越大，小孩儿们都欢呼起来。我偷偷许了个愿。

嘘，不要告诉别人，高考以后我想去有你的城市。

喜欢的人

不知道对他的喜欢是个意外，还是错觉。

"要找男朋友的话就找身边的吧，至少他能陪着你。不要网恋，万一遇到坏人怎么办？你被骗了都不知道。"

收到我哥的消息，我笑出了声。在所有人都把早恋看作天理不容的罪行时，我哥竟然支持我谈恋爱。可是我恐怕要让他失望了。

我喜欢上一个人，我也不知道有多喜欢，只是觉得有他在就很安心，所以不顾一切想去他的城市。

是的，我喜欢的人在远方，我们隔着大半个世界。

我看过一句话：喜欢上你，并不是你长得好看，而是你在特殊的时间里给了我别人给不了的感觉。

从高一到高三，他离开过，最后还是回来了。我矫情地认为，他是我的精神支柱，给了我不一样的感觉。我心情不好发脾气时，对着手机把他骂了一通，发泄完了，他会说："闹够了吗？那就滚去睡觉。"我竟然觉得心安，乖乖地放下手机真的去睡觉了。

有人说我是怪咖，跟身边的人相处不好，但是我觉得我没有必要去迎合任何人。就像我对一个人的感觉。因为有好感，所以想去了解，后来发现他的一个小小缺点，会无限扩大，最后无理由地厌恶他。所以我的身边不会有一个让人们都羡慕的男闺密。我爱的人，都在远方。

终归结底是我不懂得珍惜，毕竟我的三分钟热度已经到了不可治愈的地步。

或许我还会遇到不同的人，但是在那之前，我想尽力去靠近你。

狐狸对小王子说过：你在你的玫瑰花上耗费的时间使你的玫瑰花变得如此重要。

是否对于你也是因为我耗费了太多的精力才让你变得如此重要？我还是会等，等那个不确定的未来。

胡子先生的微笑

依 文

在我初中的时候,我就无法自拔地爱上了胡子先生——做的饼。

胡子先生是我们学校门口卖饼的小商贩,无论晴天刮风打雷下雨,只要是我们的读书日,便是胡子先生的工作日。

作为一个天性就爱美的女生,我在初中就有了要节食减肥的观念。但是无奈事总是与愿违,每次一出校门就闻到胡子先生摊位的饼香,哪里还能节食,眼睛直勾勾地望着那些香喷喷的饼,脚步不受控制地朝那边走去。

胡子先生的饼和别家不一样,他总是把分量做得很足,总是笑眯眯地对每一个来买饼的同学说:"读书辛苦,你们还在长身体,叔叔给你们多放一点儿蛋,多吃点儿,长高点儿,有力气读书才能考个好大学,将来做一个有出息的人。"

　　大家往往都会笑着听着，这是一套被家里长辈说烂了的陈词，很少人会用心去体会那种良苦用心。

　　有一次不知道因为什么事导致我的心情很压抑，那天我没有等同伴就自己走了，走出校门口又闻到那股熟悉的香味，远处胡子先生面带微笑地等待着放学大部队向他的摊位涌去。他站在还有些空旷的校门口，就那么微笑着，让人觉得好温暖，又让人觉得他好孤单。忽然，我很想跟胡子先生聊聊天，聊点儿什么都好，或者是站在他身边，帮他用塑料袋装好饼，或者帮他丢一下蛋壳……总之，他一个人站在那里，在那一刻，我忽然觉得好想陪陪他。

　　最终我还是没有勇气上前去帮帮胡子先生的忙，我站在街角，静静地看着胡子先生忙着给同学们做饼，热气腾腾中看见胡子先生幸福的笑脸。有时，拿到饼的同学会付之一个笑脸并说声谢谢，而有时，拿到饼的同学会显得很不耐烦，在拿到饼的那一刻转身就走。我站在街边，前一分钟还在为胡子先生感到开心，下一分钟又莫名其妙地义愤填膺起来。

　　半个小时后，人大多都走完了，校门口的人数从拥挤到稀疏再到断断续续的几个人，我小心翼翼地向胡子先生的摊位走去。

　　"叔叔，我要一个饼。"我尽量保持愉快的语调说。

　　"好嘞，等一下啊，叔叔马上给你做。"胡子先生还是一如既往的好态度。

期间一直沉默沉默，在饼做好的时候，胡子先生笑着递给我，"同学，你的饼。"我看着他的手很干净，指甲里面没有污垢，再看他的脸上没有倦容，更没有油光，头发是一个中间偏短的长度，给人一种很舒服的感觉。我微笑着拿过饼，付了钱，说了"谢谢"和"再见"便离开，先前压抑的心情一下子豁然开朗起来。

在街角观望的时候，我觉得胡子先生很孤单，他的笑容也许并不是真的，这样说难免有些自我，但一个形单影只的人，难道不孤单吗？

后来在观望中我逐渐看懂了一些隐藏在胡子先生微笑下的东西，我看到了什么呢？我认为，我看到了胡子先生的内心，一颗对自己所做的事很认真的心，也看到了胡子先生是喜爱他的职业的，不然为什么刮风下雨也来学校外面卖饼而且还面带微笑呢？不然为什么会在同学们流露出不耐烦时也不感到恼火呢？不然为什么会在卖饼时把自己的个人卫生打理得那么好呢？我见过许多小贩，在卖吃食的时候懒懒散散，蓬头垢面，指甲好长了也不剪，脸上写着"我在做令我痛苦的事"几个字。由此可见，胡子先生是热爱自己的工作的，他的每一个笑容都发自内心，这也是为什么他的饼总是那么香的原因吧。

我一直都很佩服做事情特别执着的人，当自己享受于自己每天都在做的事中的时候，这种幸福感是难以隐藏的吧，就像胡子先生一样，常年把微笑放在心上挂在脸上。而自己又可以成为自己佩服的人吗？这将是日后我所努力的目标了。